国賊論

Kokuzoku-Ron

安倍晋三と仲間たち

適菜 収
Osamu Tekina

KKベストセラーズ

国賊論　安倍晋三と仲間たち

はじめに――勝ったのは心理学《テクノロジー》であり、負けたのは人間である

「国賊」とは何か？

精選版日本国語大辞典によると、《国を乱し、世に害を与える者。国家に仇《あだ》する者。国敵》とある。

安倍晋三は、国を乱し、世に害を与えてきた。文字どおり、定義どおりの国賊である。

安保法制騒動では憲法破壊に手を染め、北方領土の主権を棚上げし、不平等条約締結に邁進。国のかたちを変えてしまう移民政策を嘘とデマで押し通し、森友事件における財務省の公文書改竄、南スーダンPKOにおける防衛省の日報隠蔽、裁量労働制における厚生労働省のデータ捏造など、一連の「安倍事件」で国の信頼性を完全に破壊した。

安倍は、水道事業の民営化や放送局の外資規制の撤廃をもくろみ、皇室に嫌がらせを続け、「桜を見る会」問題では徹底的に証拠隠滅を図った。

要するに悪党が総理大臣をやっていたのだ。この究極の売国奴・国賊を支えてきたのが産

経新聞をはじめとする安倍礼賛メディアであり、カルトや政商、「保守」を自称する言論人だった。「桜を見る会」には、統一教会の関係者、悪徳マルチ商法の「ジャパンライフ」会長、反社会的勢力のメンバー、半グレ組織のトップらが呼ばれていたが、そこには安倍とその周辺による国家の私物化が象徴的に表れていた。

安倍は憲法改正について「決してたやすい道ではないが、必ずや私の手でなし遂げていきたい」と表明。「私は立法府の長」と国会で四回も言ったバカなので今に始まった話ではないが、自分の役職や権能すら理解していない。さすがに党内からも「憲法改正は国会が発議すべきもの」との声が上がったが、もはや末期症状である。そして、危惧されていたように、現在、連中は司法府の掌握に取りかかっている。

問題は右でも左でもなく下である。

バカがバカを支持すれば、当然バカな国になる。

これは「第二の敗戦」だ。

結局、日本人は先の大戦で何も学ばなかったのだ。

危機を感知する能力を失った。そして戦後の対米追従と平和ボケの中で、過去の亡霊の復活を許してしまった。

なぜ究極の無能が担ぎ上げられ、日本が三流国家に転落していったのか？

本書ではその背景を明らかにしていく。

『プロパガンダ　広告・政治宣伝のからくりを見抜く』（A・プラトカニス／E・アロンソン著）という本がある。刊行された一九九八年の段階で、《アメリカ政府は自国に有利なプロパガンダを作り出すために八〇〇〇人以上の人間を雇っているが、その費用は年間四〇〇億円に達する。その結果、一年間に九〇本の映画が製作され、二二カ国語で一二種類の雑誌が発行されている。ボイス・オブ・アメリカは三七カ国語で八〇〇時間にわたり番組を放送し、推定七五〇〇万人がこれを聴いている。これらが、すべてアメリカのやり方の正当性を主張するために使われているのである》。

安倍晋三（1954～）／第90、96、97代内閣総理大臣。第21、25代自由民主党総裁。

どこの国でも事情は同じだ。日本も広告会社によるマーケティングとプロパガンダで政治が動いている。その背景にはニヒリズムがある。議論によって相手を説得し、合意形成を目指すよりも、社会に一定の割合で存在するバカの動向をマーケティングで探り、プロパガンダにより「ふわっとした民意」をすくい上げたほうが手っ取り早いと考える連中が、政権中枢にもぐり込んだ。これを露骨にやったのが小泉政権におけるB層（＝構造改革に肯定的なバカ）戦略だった。騙すバカと騙されるバカの自転車操業。こうした平成の三〇年間にわたる政治の劣化と制度破壊の成れの果てが安倍政権だったのだと思う。

プロパガンダの技術を政治に応用するのはケシカランなどと、生徒会の優等生みたいなことを言いたいわけではない。その語源はラテン語のpropagare（繁殖させる、種をまく）であり、特定の思想を拡散させる技術と考えれば、それは政治そのものである。

しかし、技術が人間を破壊することもある。

《プロパガンダは特定の観点を受け手に伝達することであり、その最終的な目標は、受け手がその立場があたかも自分自身のものであるかのように「自発的に」受け入れるようにすることにある》

強大な権力が情報を押し付けても無駄である。心理学の知見を駆使し、自発的に隷属への道を選択するように情報を操作する。そのためにはテンプレートがあらかじめ用意される。

例えば「既得権益を握っている悪い人間がいるからだめなんだ」といった具合だ。守旧派、抵抗勢力、伏魔殿……どこかに悪を設定し、それを「改革」する姿勢を見せることにより、大衆のルサンチマンを吸収し、拡大する。その背後では常に危機が演出される。

人間の脳は認知した情報をすべて処理するのではない。

《人間の情報処理の能力には限りがあるので、複雑な問題を単純化する周辺ルートを採用することが多い。何か良い理由があるからではなく、単純な説得の小道具につられて、よく考えずに結論や主張を受け入れてしまうのである》

人間は理解できないことや自分の世界観に合致しない事実を提示されると、自分を守るために事実のほうを歪めていく。社会心理学者のレオン・フェスティンガーは「認知的不協和」という言葉を作った。一貫しない二つの認知があると人間は不快になる。特に自尊心が脅威にさらされると、歪曲、否認、自己説得が行われる。

われわれはその事例を日々目の当たりにしてきた。

「保守」「ナショナリスト」がナショナリズムを解体するグローバリストの安倍を礼賛する一方、頭の悪い一部の左翼は「戦後レジーム」を確定させた安倍を「戦前回帰の復古主義者」と誤認する。自分の世界観に合わせて、都合よく現実を解釈するわけだ。

《アメリカの大統領は、状況を分析し合理的に行動するために必要な情報を市民に提供することを拒否してきた。本当の意味で不幸なのは、多くのアメリカ人がシニカルな態度を抱き、自分たちが欺き導かれることを当然のこととして受け入れるようになってしまったことだろう》

日本で発生した現象も同じだ。

多くの日本人が政治に対してシニカルな態度を取るようになったとき、心理学から動物行動学まであらゆる知見が悪用され、人間を傷つけ始めた。

私は「国賊」という言葉は安易に使うべきではないと思う。これは、都合の悪い人間にレッテルを貼るために使われてきた。例えば戦時中に戦争に反対すると「国賊」「売国奴」「非国民」と罵倒された。しかし、戦争に反対することが、国家に仇するとは限らない。それどころか、無謀な戦争は国を壊す。

言葉は厳密に定義し、かつ正確に使わなければならない。

私は安倍を罵倒するために「国賊」と言っているのではない。

事実として、国を乱し、世に害を与えてきた者について考えていく上で、正確な言葉を選んだだけである。

国賊論【もくじ】

第1章　安倍晋三論

第2章 反日国賊売国奴 安倍晋三の正体

第3章　今こそ保守思想を読み返す

第4章 それでもバカとは戦え！

第5章 衰退途上国日本

第1章

安倍晋三論

取り返しがつかなくなってから騒ぐ人たち

移民政策とチャンネル桜

昔、吉田戦車の『伝染るんです。』という四コマ漫画があった。私の高校時代だから平成が始まった頃だが、コンビニで立ち読みした雑誌「ビッグコミックスピリッツ」の連載で、今でも覚えている回がある。マッドサイエンティスト風のおじいさんが納豆を持って登場し、「今日は取り返しのつかないことをするかな」と言いながら、おもむろに納豆を混ぜ、精密機械にそれをかける。そして「ああ、取り返しのつかないことをしてしまったあ」と叫ぶ。

当時は「不条理漫画」として受け容れられたのだろうが、現在わが国で発生している状況はこれだ。取り返しのつかないことをやっておきながら、取り返しがつかなくなった後で、大声で騒ぎ出す。

二〇一八年一二月八日、外国人労働者の受け入れ拡大を目的とした「出入国管理法改正案」が参議院本会議で強行採決された。これに先立つ一一月二七日、動画配信サイトチャンネル桜の水島総社長らによる「頑張れ日本！全国行動委員会」が主催する「移民拡大（入管法改正）法案」の反対デモが官邸前で行われたそうな。

水島は「安倍総理は一体何を考えているのか。あなたは日本を取り戻すのではなかったのか」「欺瞞に満ちた亡国・売国法案」「祖国の英霊に顔向けできない」「安倍総理は日本を日本でなくしてしまった、とんでもない総理だったねと子どもたちに言われてしまう」「歴史的に見ても移民を入れて長期的に発展した国はない」「薄っぺらな国家観で、こんなもので国がやっていけるのか……こんな状態で日本が良くなると考えるのか」「まして外国人労働者は商品でない。喜び、悲しみ、苦しみ、泣いて、笑って、助け合う生身の人間である。君たちに人間に対するまなざしが本当にあるのか」「なぜ、そんなに急がなきゃいけないのか。なぜ今、衆議院を通過させなきゃいけないのか。もっと議論しなければならない」（「田中龍作ジャーナル」）などと声を上げたそうだ。いずれももっともな意見だが、私はツイッターとフェイスブックに次のように書いておいた。

《まずは自分たちが安倍を支持し売国に加担したことを謝罪すべき。完全に節穴だったと。判断能力のかけらもないクソだったと認めろ。話はその後》

これに対し、ネット上で「チャンネル桜は移民受け入れ反対の番組も作ってきた」といった反発もあったが、だからどうしたという話。嘘とデタラメを垂れ流しながら移民政策を推し進めてきたのは安倍政権である。だったら、安倍を引きずり降ろさなければ意味がない。取り返しがつかなくなってから、おもむろに安倍の売国を批判するのは、責任逃れにしか見えない。

しかし、「保守」を名乗る人間が国家の解体を進めてきたという平成の三〇年間を振り返れば、本来「運動」になり得ない「保守」が国民運動を始めるという倒錯もそれほど不思議な現象ではない。

竹中平蔵の下請け

二〇〇八年、自民党の「外国人材交流推進議員連盟」（会長・中川秀直）は、五〇年間で一〇〇〇万人の移民を受け入れる提言をまとめた。この議連は、安倍の政権復帰後に「自民党国際人材議員連盟」（会長・小池百合子）として復活。世界各国で移民に関するトラブルが噴出する中、「移民政策と誤解されないよう配慮しつつ」（安倍）、日本を移民国家にするための手続きが進められた。主に外国人技能実習制度などの拡大解釈により、受け入れのグレーゾーンを広げるやり方だ。

二〇一三年に安倍は「（日本は）シンガポールに追いつき、できれば追い越したい」と発言している。

《「オープン」、「チャレンジ」、「イノベーション」。常に、私たちの改革を導くキーコンセプトです。もはや岩盤のように固まった規制を打ち破るには、強力なドリルと、強い刃が必要です。（中略）電力や農業、医療分野で規制の改革を進め、新たなサービス、新しい産業を興し、日本経済の活力を、そこから引き出します。規制改革のショーケースとなる特区も、総理大臣である私自身が進み具合を監督する「国家戦略特区」として、強い政治力を用いて、進めます》

竹中平蔵（1951〜）／パソナグループ取締役会長、経済学者、政商、政治家。

本人が述べているとおり、安倍が目指しているのは、外国資本と移民を呼び込み、外国人メイドに子育てをさせ、主婦を労働力として駆り立てるような社会、シンガポールのような人工国家、独裁国家である。

日本はすでに世界第四位の移民大国になっているが、さらに、二〇二五年までに五〇万人超の単純労働者が日本に入ってくることになっている。

二〇一四年の世界経済フォーラム年次会議（ダボス会議）の冒頭演説で安倍は、徹底的に日本の権益を破壊すると宣言。電力市場の完全自由化、医療の産業化、コメの減反の廃止、法人税率の引き下げ、雇用市場の改革、外国人労働者の受け入れ、会社法の改正などを並べ立て、「そのとき社会はあたかもリセット・ボタンを押したようになって、日本の景色は一変するでしょう」と言い放った。

移民の増大が社会にどのような影響を及ぼすのかについては、これまで何度も述べてきたので、繰り返さない。ここで問いたいのは、絵に描いたような売国奴を長年にわたり放置してきた日本人のモラルについてである。

入管法改正の参院の採決の際、自由党（当時）の山本太郎は牛歩で投票に抵抗し、演壇の上からこう叫んだ。

「賛成するものは二度と保守と名乗るな！　保守と名乗るな！　最低の下請け、経団連の下請け、竹中平蔵の下請け。この国に生きる人々を低賃金闘争に巻き込むのか！　世界中の賃金闘争に。恥を知れ！　二度と保守と名乗るな！　保身と名乗れ！　保身だ！」

もっとも、今の与党に「保守」はほとんどいないので、この批判は有効ではない。仮に「保守」を自称していたとしても、移民政策の危険性について偉そうに語っていたタレント議員の青山繁晴は賛成票を投じたし、西田昌司のようないかがわしいガス抜き要員もいる。

では山本の言葉はどこに向けられていたのか？

確信犯的に「安倍ビジネス」をやっている連中に何を言っても仕方がない。

やはり、定義どおりの保守、すなわち普通の日本人が、自分たちに向けられた言葉と捉えるべきだと思う。

連中は、日本を移民国家につくり替え、不平等条約締結に邁進し、種子法を廃止。水道事業の民営化や放送局の外資規制の撤廃ももくろんできた。

入管法改定に関しては法務省がデータをごまかしていたことが明らかになったが、森友事件における財務省の公文書改竄、南スーダンＰＫＯにおける防衛省の日報隠蔽、裁量労働制における厚生労働省のデータ捏造が発覚するなど、すでにわが国は常識が通用しない三流国になっている。

これらはいずれも安倍案件だ。

日本人の改革幻想

平成元年（一九八九年）一二月二九日、東証の大納会で日経平均株価が史上最高値の三万八九一五円八七銭を記録した。バブルで浮かれていた人間は多いし、国際社会でも大きな変動があった。同年六月四日、北京で天安門事件が発生。一一月九日にベルリンの壁崩壊。一二月三日、アメリカのブッシュとソ連のゴルバチョフがマルタ島で会談し、冷戦の終結を宣言した。

こうした動きが日本人のメンタリティーに影響を与えたのは想像に難くない。ただでさえ「改革」が大好きなのに、「やはり世の中は簡単に変わるんだ」「これからは変化の時代だ」「古い時代は終わった」「乗り遅れるな」と鼻息が荒くなった。

こうした中、政権の中枢から、改革、革命という発想が飛び出してくる。自民党は平成元年の政治改革大綱で、小選挙区制度を提唱。小選挙区比例代表並立制が導入されたのは一九九四年の細川政権下だが、それ以前に自民党の中から選挙制度に手をつける動きが活発化していたわけだ。

平成の三〇年にわたる改革の大合唱と国家の破壊は自民党の中から出てきたものであり、構造改革、政治制度改革により、選挙のスタイル、党の運営まであらゆる変化が発生した。

短いスパンでしか歴史を見ていない人は、「安倍が日本を悪くした」と言うが、平成元年にすでに火種は仕込まれており、その流れに沿って小沢一郎が『日本改造計画』（一九九三年）を書いたり、小泉劇場や民主党政治が出てきた。安倍は最後の総仕上げとして、すでに傾いていた日本を、地獄に突き落としたのだ。戦後レジームからの脱却を謳いながら戦後レジームを確定させ、トランプやプーチンのケツをひたすら舐め、戦後の腐敗を集約し、国家の根幹に火を放った。

小沢一郎(1942〜)／政治家。国民民主党所属の衆院議員。かつては政界の壊し屋と異名をとった。

それを象徴するのが、二〇一五年の安保法制騒動における首相補佐官・礒崎陽輔の「法的安定性は関係ない」という発言だったと思う。

ちなみに、この三〇年にわたり、政治の裏で動いてきたのも同じような連中だ。『日本改造計画』は小沢の考えをベースに、御厨貴、飯尾潤、伊藤元重、北岡伸一といった学者が協力して書いたものである。そこでは、新自由主義的な経済改革、貿易自由化の推進、首相官邸機能の強化、軍事も含めた積極的な国際貢献、政権交代のある二大政党制を可能とする政治改革（小選挙区制の導入）などを提唱。これは小沢本人が説明するとおり「民主主義的革命」を実行するためのプロセスだった。

要するに、熟議や合意形成を重視した保守政治をぶち壊し、権力を集中させ、一気に世の中を変えてしまおうという発想だ。タイトルからして『日本改造計画』なのだから。理念による社会設計、合理的な国家の改造。要するに極左の発想だ。安倍はよく吉田松陰の名前を出すが、革命家気取り、テロリストもどきが、政界に蔓延《はびこ》るようになってしまった。

日本語の破壊も急速に進んだ。改革の熱狂の中で保守は排除され、今では新自由主義者やビジネス右翼までが「保守」を名乗るようになっている。しまいには、朝から晩まで「改革」と騒いでいる安倍のようなグローバリストが保守と誤認され、自称保守たちが礼賛するというグロテスクな現象が発生している。

無知と忘恩。伝統の軽視。古くなったなら、壊して、新しいものをつくればいい。矛盾が発生したら、ルールを変えればいい。こうした自分が何に守られているかを自覚できない人々が、改革の名のもとに破壊活動を繰り返してきた結果、われわれがたどり着いたのは理想社会ではなく、嘘とデマがまかり通る異常な社会だった。

小選挙区制の害

自民党の中から政治改革大綱が出てきたのは、政治とカネの問題が騒がれていたからだ。リクルート事件や東京佐川急便事件により国民の政治不信が高まり、五五年体制を解体する動きが、自民党の中から出てくる。海部内閣と宮澤内閣は政治改革関連法案を提出したが、いずれも廃案に。こうした動きに反発した自民党議員が大量に離党。

こうして誕生した新生党や新党さきがけ、細川護熙率いる日本新党が躍進し、「新党ブーム」が発生。社会党、公明党、民社党、社会民主連合と組むことで、八党連立の細川政権が誕生し、五五年体制は終焉する。

それ以降、国民的熱狂に沿うような形で、当時、社会党でも言わなかったような極端な形の政治制度改革が進められていく。ついには選挙制度に手を付けてしまった。一九九四年の小選挙区比例代表並立制の導入と政治資金規正法の改正で、国の運命はおおかた決まってしまった。小選挙区制度は、二大政党制に近づく。死票は増え、小さな政党には不利に働く。政治家個人の資質より党のイメージ戦略が重要になるので、ポピュリズムが政界を汚染するようになった。また、政治資金規制法改正により、党中央にカネと権限が集中するようになる。

これにより政治のかたちが変わった。かつては党内で利害調整や合意形成といった根回しをしっかりやっておかなければ党が回らなかった。派閥があったのは中選挙区だからだ。一つの選挙区で自民党の議員同士が戦うのだから、党内にも緊張関係があった。当然、同じ選挙区の議員とは同じ派閥には入らない。政策論争もあった。

しかし、党中央の権限が強くなった結果、ひたすら党に媚びへつらう思考停止した議員ばかりになった。下手に歯向かえば、次の選挙で公認をもらえないどころか、刺客を送られる。

これを露骨にやったのが小泉政権だった。小泉は「自民党をぶっ壊す」と言ったが、自民党と一緒に議会主義も常識も政治のプロセスもぶっ壊した。郵政民営化を押し通すために、広告会社を使い、改革バカ＝B層を誘導する戦略を練った。本来政治に組み込むべきではないプロパガンダとマーケティングの手法を組み込んだわけだ。こうして、大衆の気分を探り、それにおもねることで権力を握ろうとする連中が政界をむしばむようになっていく。

この三〇年にわたり、連中は大衆の心の一番汚いところに訴えかけた。「官僚や公務員はけしからん」「あらゆる規制を撤廃して、既得権益を持っている連中を懲らしめろ」と騒ぎ立て、一部の人間が別の形の利権を手にしてきた。いわゆる構造改革利権である。

小沢は「守旧派」を仕立て上げ、小泉は「抵抗勢力」を党から追い出し、民主党は官僚を悪玉にした。橋下劇場も小池劇場も手法は同じ。どこかに悪いやつがいて、正義の味方である自分たちがそれを倒すという紙芝居だ。自分たちの足場を破壊していることに気づかない大衆は公開リンチに喝采を送る。こんなことを三〇年も続けていれば、国が傾くのは当然だろう。

また、これは平成になってからの傾向だが、選挙で洗礼を受けて政権を得た以上、それは期間を区切られた独裁と捉えるべきで、権力を集中させてトップダウンでやるべきだという発想が蔓延るようになった。政治にはスピードが必要であり、文句があるなら次の選挙で落とせばいいというわけだ。目立つところでは、小沢一郎が言い出し、菅直人や安倍もほぼ同じ発言をしている。

ジョン・アクトン(1834～1902)／イギリスの歴史家、思想家、政治家。『自由の歴史』など。

小沢は『日本改造計画』で、《必要な権力を民主主義的に集中し、その権力をめぐっての競争を活性化する》《はっきりしない権力がだらだらと永続するのではなく、形のはっきりした権力が一定期間責任を持って政治を行う》と述べている。

菅直人も著書『大臣』で独裁を肯定して

いる。

もちろん、大間違いだ。選挙は党に全権を委任するものではない。第一党がやりたい放題できるなら、議会は必要ない。そこで求められるのは議論である。多数が正しいという保証はないからだ。ジョン・アクトンは「権力は腐敗する、専制的権力は徹底的に腐敗する」と言った。保守が人間理性に対する警戒を怠らない態度のことであるとしたら、それはあらゆる権力に敏感でなければならない。マクシミリアン・ロベスピエール、スターリン、毛沢東、ポル・ポト……。権力の一元化は地獄しか生み出さなかった。

日本国民の責任

橋本龍太郎は「行政改革」「財政構造改革」「経済構造改革」「金融システム改革」「社会保障構造改革」「教育改革」の六大改革を独断で打ち出し、特に行政改革は「火だるまになってもやり切る」と発言。このとき橋本がまいた火種により、日本は火だるまになっていく。

橋本は首相直属の「行政改革会議」を設置。財界人や学者をメンバーにして、官僚や官僚出身者を排除した。省庁の数を半分にする省庁再編、大蔵省の名称変更や金融業務の切り離し、首相権限強化を伴う内閣機能の見直し、公務員定数の削減などを「行政改革会議」において決定。さらに消費税率を五％に引き上げ、赤字国債発行、公共事業、社会保障費、防衛費を削減した。

これで景気は完全に悪化。

橋本は生前「緊縮財政で国民に迷惑をかけた」と謝罪している（「産経ニュース」二〇一三年一〇月三日）。河野洋平も細川護煕も元東京大学総長の佐々木毅も、小選挙区比例代表並立制導入を推進したことに対し、反省の弁を述べている。

橋本龍太郎（1937〜2006）／第82、83代内閣総理大臣。「行政改革」を推進。

最初にも言ったが、取り返しがつかなくなった後で騒いでも無駄である。

結局、目の前で発生している現象が見えないボンクラが国を滅ぼすのだ。政治の腐敗、権力の集中、小選挙区制の弊害。平成三〇年間の「改革」のどんちゃん騒ぎの末路が、今の安倍政権であるとしたら、これからはその報いを受ける時代になる。自業自得。これはメディアも含めて、日本国民の責任だ。

歩くATM安倍晋三という売国奴

国家に対するテロ

この三〇年にわたり、構造改革による国の解体を急激に進めてきた連中がいる。彼らは政治に寄生する形で、自分たちの利権を確保してきた。そして思考停止した社会の中で、複数の宗教団体や外国の力を利用しながら、日本を乗っ取ってしまった。反日勢力、売国勢力がいつも同じ衣装をまとっているわけではない。連中もそれほどバカではない。それに気づかないのがネトウヨや自称「保守」という情弱である。

すでにメッキは剥がれているが、安倍は保守ではなくて、構造改革論者のグローバリストである。二〇〇六年九月二六日の第一次政権の総理就任演説では、小泉構造改革路線を「しっかり引き継ぎ」、「むしろ加速させる」と発言。

すでに述べたとおり、二〇一四年のダボス会議で安倍は徹底的に日本の権益を破壊すると宣言。「そのとき社会はあたかもリセット・ボタンを押したようになって、日本の景色は一変するでしょう」と言い放った。

この〝ファミコン脳〟の言葉どおり、戦後わが国が積み上げてきたものは、わずかな期間で完全にリセットされた。左翼も麻原彰晃も、安倍の足下にも及ばなかった。しまいには安倍は「わが国がTPPを承認すれば、保護主義の蔓延を食い止める力になる」などと言い出した。

外国勢力が放送を乗っ取るようにお膳立てしたのも安倍だった。放送法四条の撤廃を目指した放送制度改革で、安倍は、外資が放送局の株式を二〇％以上保有することを制限する規定の撤廃をもくろんでいた。水道事業を売り飛ばそうとしたり、種子法廃止を押し通したり。ロシアにカネを貢いだ上、北方領土の主権を棚上げ、日韓基本条約を蒸し返して韓国に一〇億円を横流しした。「移民政策は取らない」と大嘘をつきながら、国のかたちを完全に変えてしまう移民政策を推し進めた。結果、日本はすでに世界第四位の移民大国になっている。

安倍がやっていることは、一昔前の「保守論壇」が厳しく非難してきたものばかりだ。

その妥当性はともかく、村山談話・河野談話を踏襲し、憲法九条第一、二項を残しながら、第三項を新たに設け、自衛隊の存在を明記するという意味不明の加憲論により、改憲派が積み上げてきた議論を全部ぶち壊した。さらには、震災の被災者の方々に寄り添う天皇陛下のものまねをして、茶化して見せた。

安倍は、ポツダム宣言を受諾した経緯も、立憲主義も、総理大臣の権限もまったく理解しないまま、「新しい国」をつくるという。そもそも、「もはや国境や国籍にこだわる時代は過ぎ去りました」などという「保守」がいるはずがない。安倍信者の中では国益や国辱にこだわる時代も過ぎ去ったのだろうか？

国会でも外交の場でも安倍は平気な顔で嘘をつく。漢字も読めなければ、政治の基本もわからない。政策立案などに使われる「基幹統計」もデタラメだった。

《消費や人口、学校など、いずれも私たちの生活と密接に関わる五六の「基幹統計」のうち点検の結果、約四割にあたる二二で間違いがあった》（「ロイター」二〇一九年一月二四日）。

財務大臣の麻生太郎は「日本という国の信頼が、そういった小さなところから崩れていくのは避けなければいかん」と言っていたが、何が「小さなところ」なのか？

要するに、国家の根幹がデタラメなのである。

安倍信者のメンタリティー

状況を嘆いているだけでは仕方ないので、なぜこのような政権が続いているのかについて述べておく。一つは現実を見たくない人が多いからだろう。「日本を破壊したい」という悪意を持って安倍政権を支持している人間はごく一部であり、ほとんどは無知で愚鈍だから支持している。左翼が誤解しているように安倍を支持しているのは右翼でも「保守」でもない。そもそも右翼が四割もいるわけがない。安倍を支持しているのは思考停止した大衆である。

大事なことは、安倍には悪意すらないことだ。安倍には記憶力もモラルもない。善悪の区別がつかない人間に悪意は発生しない。歴史を知らないから戦前に回帰しようもない。恥を知らない。言っていることは支離滅裂だが、整合性がないことは気にならない。中心は空っぽ。そこが安倍の最大の強さだろう。たこ八郎のノーガード戦法みたいなものだ。そして、中身がない人間は担がれやすい。

ナチスにも一貫したイデオロギーはなかった。情報機関は常に大衆の攻撃の対象を用意し、社会に鬱積する不満やルサンチマンをコントロールする。大衆と権力機構の直結。二〇世紀以降の「悪」は純粋な大衆運動として発生する。

空気を醸成するためのテンプレートはあらかじめ用意される。「安倍さん以外に誰がいるのか」「野党よりはマシ」「批判するなら対案を示せ」「上から目線だ」。ネトウヨがこれに飛びつき拡散させる。ちなみにネトウヨは「右翼」ではない。単に日々の生活の不満を解消するために、あらかじめ用意された「敵」を叩くことで充足している情報弱者にすぎない。

安倍政権が引き起こした一連の惨状を、日本特有の政治の脆弱性の問題と捉えるか、近代大衆社会が必然的に行き着く崩壊への過程と捉えるかは重要だが、私が見る限りその両方だと思う。前者は戦前・戦中・戦後を貫く日本人の「改革幻想」や選挙制度についての議論で説明できるし、後者は国際社会が近代の建前を放棄し、露骨な生存競争に突入したことで理解できる。

いずれにせよ、こうした中で、わが国は食いものにされている。

対米、対ロシア、対韓国、対中国、対北朝鮮……。すべて外交で失敗しているのに、安倍信者の脳内では「外交の安倍」ということになっているらしい。確かに海外では安倍の評価は高い。当たり前だ。安倍の存在によって利益を得ている国がケチをつけるわけがない。プーチンにとってもトランプにとっても、北朝鮮にとっても中国にとっても、安倍政権が続いていたほうが都合がいいのだ。

結局、負けたのはわれわれ日本人である。

「安倍晋三」著『新しい国へ』を安倍は読むべきだ！

瑞穂の国の市場主義

世紀の奇書である。百年に一度のトンデモ本である。なにしろ、著者名を隠して読めば「安倍晋三批判本」にしか見えないのだ。もちろん安倍には文章を書く能力はないので、冒頭部分はインタビューを膨らまし、残りは文藝春秋社のK氏と二、三人の大学教授が分担して書いたのかもしれない。基本的には「保守論壇」で繰り返されてきたような話がコンパクトにまとまっている。安倍の事務所はゲラをチェックしたはずだが、安倍は本書を読んだことがあるのだろうか？

例えば、著者である「安倍」はパスポートを例に出してこう述べる。

《これは所持者であるあなたが日本人であることを、日本国家が証明し、外国における権利を日本国家が担保するという意味である。いうまでもなく、そこでは、どこの国に属しているかということがきわめて重要な意味をもつ。わたしたちは、国家を離れて無国籍には存在できないのだ》

しかし、その国家を徹底的に破壊してきたのは誰なのか？

二〇一三年九月二五日、安倍はウォール街の証券取引所で「もはや国境や国籍にこだわる時代は過ぎ去りました」と発言。実際、安倍は急進的な移民政策を進め、北方領土の主権も放り投げた。

本書で「安倍」は《ウォール街から世間を席巻した、強欲を原動力とするような資本主義ではなく、道義を重んじ、真の豊かさを知る、瑞穂の国には瑞穂の国にふさわしい市場主義の形があります》と新自由主義を批判するが、実物の安倍がウォール街に行けば、自分があらゆる規制を壊すから日本を買い叩けと唆す。

「今日は、皆さんに、『日本がもう一度儲かる国になる』（中略）ということをお話しするためにやってきました」

「ウォール街の皆様は、常に世界の半歩先を行く。ですから、今がチャンスです」

シンプルな売国である。

本書で「安倍」は言う。《基礎的な単位が必要であり、その単位が国家であるのは自明だろう。にもかかわらず、その国家をバイパスするという感性が育まれた背景には、戦後日本が抱えてきた矛盾が大きく影響している》

しかし、安倍が推進するTPPや道州制こそが「国家をバイパスするという感性」によるものだ。「安倍」は、国家の起源と郷土愛について説明した上で、こう述べる。

《はじめて出会う外国人に、「あなたはどちらから来ましたか」と聞かれて、「わたしは地球市民です」と答えて信用されるだろうか。（中略）かれらは、その人間の正体、つまり帰属する国を聞いているのであり、もっといえば、その人間の背負っている歴史と伝統と文化について尋ねているのである》

『新しい国へ』安倍晋三著。経済・外交・安保などの「政権公約」を披露。

二〇一六年九月一九日、アメリカのシンクタンク「大西洋評議会」は安倍に「地球《グローバル》市民賞」を授与。安倍は喜々としてニューヨーク市内で行われた授与式に参加。ニヤけた顔で「私がこの賞を受賞するのは日本人を代表してのものだ」と言い放った。世界が認めるグローバリスト。安倍の正体が明らかになった一件だった。

モラルの回復には時間がかかる

本書の中で「安倍」はなかなかいいことを言っている。

《一八五八年、日本は日米修好通商条約を締結したあと、イギリス、ロシア、オランダ、フランスと同様の条約を結ぶことになるが、これらはひどい内容であった。来日する外国人はすべて治外法権に等しい権利をもつのにたいして、日本には関税自主権もなかった。（中略）明治の日本人は、この不平等条約を改正するのに大変な苦労をした》

では現実世界の安倍は何をやったのか？

二〇一六年一一月四日、衆院でＴＰＰを強行採決、翌一一日には「（トランプに）ＴＰＰ承認を促す」「わが国がＴＰＰを承認すれば、保護主義の蔓延を食い止める力になる」などと言い出した。

トランプや米国防長官のマティスが横田基地から入国しようが、文句の一つも言わない。日米地位協定も放置したまま。ポツダム宣言が突き付けられた経緯も敗戦の過程もわかっていない安倍が、関税自主権の内容を理解できるとは思えないが、自分の名前で出されている本なのだから、一度読んでみたらどうか？

「安倍」は言う。

《さて、国外に目を転じると、民主党政権の三年間は、まさに「外交敗北」の三年間でした。北方領土にロシア首脳が、竹島に韓国大統領が上陸する。（中略）いずれも自民党政権時代にはありえなかったことです》《こうして日本が抱える課題を列挙してみると、拉致問題のみならず、領土問題、日米関係、あるいはTPPのような経済問題でさえ、その根っこはひとつのように思えます。すなわち日本国民の生命と財産および日本の領土は、日本国政府が自らの手で守るという明確な意識のないまま、問題を先送りにし、経済的豊かさを享受してきたツケではないでしょうか》

これほど的確な安倍政権批判はない。千島列島にはロシアの軍事基地が作られ、日韓基本条約で解決済みの問題は蒸し返され、北朝鮮問題では完全に蚊帳の外に置かれている。

本書で「安倍」は今の社会の病、政治の劣化を痛烈に批判する。

《なんといっても、喫緊の課題は学力の向上である》《そのためには、学習指導要領を見直して、とくに国語・算数・理科の基礎学力を徹底させる必要がある》《モラルの回復には時間がかかる》

同感だ。「背後」や「云々」を読めないような出来損ない、平気な顔で嘘をつくモラルの欠片もないデマゴーグは、表舞台から早急に退場すべきだ。

オウムと安倍信者に見る「自己承認欲求」

「新しい国」をつくる

私は物書きとしての仕事を長年続けているが、同時代の作家の仕事をあまりよく知らない。テレビは一切見ないし、新聞も雑誌もほとんど読まない。本屋に行くことも少ない。言い訳をすれば、あえて時代と距離をとっているとも言えるし、本音では世の中にあふれるクズみたいな文章にうんざりしているという驕り高ぶった偏屈な感情もある。だから、『社会という荒野を生きる。』（宮台真司）を読んで、やはりきちんと読むべきものは読まなければダメだと反省した。

日本における中間共同体の消滅と承認欲求の関係について、私が考えていたことにつながる部分がたくさんあったからだ。

社会思想家のアクセル・ホネットは「承認」を三つに区別する。一つ目は「愛による承認」、二つ目は「法による承認」、三つ目は「連帯による承認」だ。自己信頼と自己尊重の感情が生まれる契機として、一つ目と二つ目は特に説明はいらないだろう。しかし、三つ目の「連帯による承認」は今の時代では不安定になっている。

《ホネット流に言えば、社会の中に、貢献的価値を持つ個体として承認してくれる共同体がないから、代替的な承認共同体を追い求めて、豊かな先進国の人々が「そこ」（筆者註・ISILのような非合法テロ組織）に出かけるわけです》

宮台は、オウム真理教の幹部信者を例に出す。そこに見いだされるのは、「目標に達成できなかった」という挫折感ではなく、目的に到達したのに自分は輝いていないという「こんなはずじゃなかった感」であると。

私は安倍信者にも同じにおいを感じてきた。オウム真理教は、目の前の現実を無視し、何が発生しようが、「尊師は悪くない」「尊師はむしろ被害者だ」の一点張りだった。同伴知識人は「世俗の倫理で宗教を裁くな」と無責任なことを言い、傍観者はテレビ番組で麻原彰晃が取り上げられるのを面白がった。オウムは教団に省庁制を導入し、疑似国家の体裁を整えた。そして国家を転覆し、「新しい国」をつくろうとしたわけだ。

宮台は言う。

《社会の中で必要とされている、居場所がある、という感覚がない場合、共同体や集団の中で自分のポジションがあるかのような気分を獲得するために、さまざまな奇矯な逸脱行動をしがちです。「僕はスゴイ人間だ！」というヤツですね》

文字どおり論外の文章を書いて、雑誌『新潮45』を廃刊に追い込んだ小川榮太郎という自称文芸評論家がいた。彼の行動も「承認をめぐる闘争」という切り口で考えるとわかりやすい。

もともと小川は、ネットワークビジネスに手を染めたりと、社会に居場所がない人間だった。ただし自己評価だけは異常に高かったので「こんなはずじゃなかった感」を抱えて暮らしていたのだろう。しかし、アルバイトで安倍ヨイショ本を書いたら、持ちなれないカネが入ってきて、これまでの反動で、セーブが利かなくなり、自分を「文豪」「大作家」と思い込むようになった。そして自分を認めてくれた安倍を絶対視し、その周辺の疑似共同体が彼にとっての全世界となった。

こうした状況を維持しなければならないという焦燥により、小川の奇天烈なメンタリティーは発生したのだろう。

カルトに共通する妄想

二〇一三年一〇月六日に小川はフェイスブックにこう書いている。

《いつか書こうと思っていた。安倍信者という言い方が一部にあるらしい。日本の危機の深刻さを考えた時、この期に及んで安倍信者にさえなれないような薄弱な知性と決断力を、私なら軽蔑する。信者になるされることと信者たることを決断するのは一八〇度違います。私は知性と人格の全てを上げて、安倍信者たろうと努めてき、今もそうしています。信深まれば、益々洞察深まる、そのように信じることが出来るか。信深まり、盲信にはまり込むか。そこの差が人間力であり、人間学であり人間修行なのだ》

「連帯による承認」の不全の背後には、家族共同体や地域共同体の空洞化の問題がある。

そもそも近代化とは前近代的な共同体を破壊する運動だった。こうした中、宮台の本で指摘されている間違った目標を自分の最終目標として掲げる「目的混乱」が発生したのだ。これは社会学者のロバート・キング・マートンの言う「目的のアノミー」によるものだ。オウム信者も安倍信者も、そこに現実世界では得ることができない「承認」を求めたのだろう。

特にネット社会では、都合の悪い情報を遮断し、自分に都合のいい情報だけをピンポイントで集めることができる。そこで発生する疑似共同体はますます現実との接点を失っていく。

こうした社会において発生する「信者」たちが、自分たちが信奉する正義を一方的に騒ぎ立て、反対意見を述べる人間を罵倒し、「論破した」と自画自賛し、温かい世界に閉じこもるわけだ。

だからこそ、小川は騒動を引き起こした際、ネットには自分を擁護してくれる声があるのに、自分を責めるのは「恐ろしく傲慢な事」だと言い出した。また、自分に対する批判は「司令塔」の命令によるものだと陰謀論を唱え出したのも、オウム真理教事件を彷彿とさせる。どこかに巨悪が存在し、自分たちは被害を受けているという妄想はあらゆるカルトに共通する。安倍信者の場合、それは朝日新聞や中国や日教組ということになるのだろう。

こうした問題にわれわれはどのように向き合えばいいのか。宮台はこうした行為を《あさましく、さもしい》という認識を植え付けることが必要だと言う。

《幼少期から「そういうヤツを徹底的にバカにする」ように教育するやり方です。徹底的にバカにされると予期されれば〈ネットでもポジション取り〉をしないかもしれません。でも、社会的承認不足を辛うじてネットで埋め合わせている人々が、ネットで目立つ機会を塞がれたら、追い詰められて、別の暴発行動に及ぶ可能性もあります》

オウム真理教も小川榮太郎も近代社会の構造に起因する現象である。

数値化・概念化により人間は大きく間違える

「連想の質」

ウォルター・リップマンの『世論』は、ジャーナリズム論の古典中の古典だが、その中心テーマは「人間はなぜ判断を誤るのか？」である。子どもでも騙されないような詐欺に簡単にひっかかる人たちがいる。森友事件における財務省の公文書改竄、南スーダンPKOにおける防衛省の日報隠蔽、裁量労働制における厚生労働省のデータ捏造に加え、入管法改定問題に関しても法務省がデータをごまかしていた。

口を開けば嘘しかつかない男が総理大臣をやっていても、閣僚が次々と不祥事を起こしても支持率が下がらない理由は、リップマンが言うように、「虚構が切実に求められているために、虚構が真実と取り違えられる」からだろう。

多くの場合、人間は見たいものしか見ない。そして自分の世界観を補強するデータはネットの中に山ほど転がっている。情報化社会は皮肉にも大量の情報弱者を生み出した。

社会心理学者のギュスターヴ・ル・ボンは《群衆は、いわば、智慧ではなく凡庸さを積みかさねるのだ》と言ったが、「世論」もまた社会を大きく歪めていく原動力になる。

リップマンは言う。

《公共の事柄に対する意見は社会の正常な成員によるものだけではないし、また選挙、宣伝、支持者集団のためには数が力となるものであるから、注意の質はなおさらに低下する。読み書きのまったくできない人たち、精神薄弱者たち、たいへんに神経質な人たち、栄養不良の人たち、欲求不満の人たちからなる大衆の数は相当に大きい。われわれがふつう想像しているよりもはるかに大きい、と考えても無茶ではない。したがって、幅広い大衆への訴えは、精神的には子どもで、野蛮な人たち、生活が順調でなく困窮している人たち、生命力の使い尽くされた人たち、引きこもっているばかりの人たち、論争中の問題に含まれている要素を一つも経験の中にとり込んだことのない人たちの間を経めぐる。公共の事柄に対する意見の流れはこうした人たちのところでせきとめられて誤解という小さな渦を作り、そこで偏見とこじつけの類推によって変色させられる》

こうした人々の「連想の質」を計算し、世の中を操作する人々がいる。彼らはプロパガンダとマーケティングの手法を駆使し、合法的に「牧場」の経営を行う。問題は家畜が自分が家畜であることに気づいていないどころか、幅広く社会を観察し、判断を下していると思い込んでいることだ。近代においては専制という形ではなく、騙す側と騙される側が一体となり、非常に穏やかに独裁が進行していく。

リップマンは「ステレオタイプ」な世界観の中で思考停止している人々を描写し、そこから脱出する道を示そうとする。

《われわれはよほど注意していないと、自分たちがよく知っていると認めているものすべてを、すでに頭の中にあるイメージの助けを借りて映像化する傾向がある》

何が発生しようが、現実を直視することができない。ネトウヨという情弱も同じだ。安倍の失政を批判すると「他に誰がいるのか」、法案の矛盾を指摘すると「対案を示せ」、嘘を指摘すると「上から目線だ」と。こうした思考停止のテンプレートを用意するのも、「牧場」を管理している連中である。

『世論』W・リップマン（1889～1974）著。大衆心理はいかに形成されるのかを説いた。

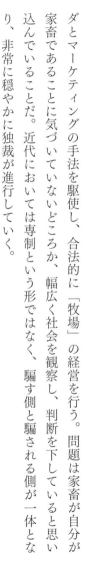

人間理性への過信

家畜は「わかりやすいもの」が好きである。彼らは合理的で理性的で論理的である。だから、数値化・概念化された理論に引き寄せられていく。

リップマンは言う。

《彼ら（古い世代の経済学者たち）は自分たちがその下で生きている社会組織を説明しようとしたが、言葉であらわすにはあまりにも複雑なものであることに気づいた。そこで彼らは簡単な図式であらわしたいと心から願った。ところができ上ったものは、原理においても正確さにおいても、子どもが描く平行四辺形に足や頭をつけた複雑怪奇な牛の絵とたいして変わらなかった。この図式は、自分の労働者たちから得た資本を勤勉に蓄えてきた資本家、社会的に有用な需要を把握して工場を組織する企業家、自分の労働を結ぶも解くも自由に契約する一群の労働者、地主、そしてすばやく損得勘定をしながら最大の快楽をもたらすとわかった商品をもっとも安い市場で買う消費者の群で構成されていた。このモデルは機能した。このモデルが想定したような人たちは、このモデルが想定したような世界に生活し、このモデルを説明する書物の中ではいつも調和を保ちながら機能していた》

もちろん、彼は皮肉を言っているわけだ。これはやがて諸階層に「経済神話」として広がったが、当然「敗北者や犠牲者」はそのモデルに当てはまらなかった。人間は理論どおりに動かないからだ。

マルクス主義も同じだ。

《しばしば主張されるようにもし経済的唯物論の理論に妥当性があるなら、それによってわれわれは予言できるようになるだろう。われわれは一国民の経済的利益を分析し、その国民が必然的にしなければならないことが何であるかを推論することができるだろう。マルクスはそれを試みた。そして、トラストについてはうまく当たったにせよ、その後は完全に誤った道を歩んだ。彼の予言に反して、最初の社会主義実験は西欧における資本主義の段階がのぼりつめたところからではなく、東欧の前資本主義体系の崩壊から生じた》

彼らが間違った理由は、人々の経済的立場が必然的に経済的利益についてのはっきりした観念を生み出すだろうと考えたからだと、リップマンは指摘する。

どのみち、数値化・概念化により組み立てられた社会モデルは、その枠内でしか機能しない。現実世界においては家畜は自立したくもないし、考えたくもないのだ。そして支配されたいのである。牧場の管理人と家畜が結託している世の中において、左翼の政権批判が無力なのは、彼らのイデオロギーが人間理性への過信に基づいているからだろう。

日本人は「自立しない」という道を選んだ

ルターとカルヴァン

「日本は今こそ自立を」というおなじみのフレーズで、講演で荒稼ぎし「保守ビジネス」の成功例を示してきた櫻井よしこさんが、アメリカ隷従を進め、戦後レジームからの脱却を唱えながら戦後レジームを固定化した安倍晋三を礼賛する倒錯はどのようなプロセスにおいて発生するのか？

自立を口にするなら、わけのわからない加憲論や売国政策を真っ先に批判するはずだが、そうはならない。なぜなら本音では「自立」など考えてもいないし、よしこさんの講演に集まるオッサン連中も「自立を唱える声に耳を貸すオレは立派」という自己愛に浸っているだけだからだろう。実態は、左右を問わず、日本国民のほとんどはアメリカ隷属を望んでいるのである。アメリカケツ舐め路線、全方向売国路線を突き進む安倍政権が続いている現状を見る限り、日本人の多くは「自立しない」という道を選んだのだろう。しかし、それをはっきり認めたくないし、先の大戦における被害者感情やルサンチマンが消えることはない。その矛盾をごまかすためには工夫が必要になる。

ドイツの社会心理学エーリヒ・フロムは自己欺瞞のプロセスを解説する。

《自由は近代人に独立と合理性とをあたえたが、一方個人を孤独におとしいれ、そのため個人を不安な無力なものにした。この孤独はたえがたいものである。かれは自由の重荷からのがれて新しい依存と従属を求めるか、あるいは人間の独自性と個性にもとづいた積極的な自由の完全な実現に進むかの二者択一に迫られる》（『自由からの逃走』）

問題は前者である。マイケル・オークショットの議論に倣えば、西欧近代は二つのタイプの人間を生み出した。一つは判断の責任を引き受ける「個人」であり、二つ目はそこから派生した「できそこないの個人」という類型である。要するに「大衆」だ。多くの思想家が指摘するように、共同体から切断され、不安に支配された大衆は、自由の責任に耐えることができず「隷属の新しい形」（アレクシ・ド・トクヴィル）を求めるようになる。

フロムは言う。

《われわれはドイツにおける数百万のひとびとが、かれらの父祖たちが自由のために戦ったと同じような熱心さで、自由をすててしまったこと、自由を求めるかわりに、自由からのがれる道をさがしたこと、他の数百万は無関心なひとびとであり、自由を、そのために戦い、そのために死ぬほどの価値あるものとは信じていなかったこと、などを認めざるをえないようになった》

フロムはこうした人間のメンタリティーをプロテスタンティズムと資本主義の中に見いだした。

マルティン・ルターは人々を教会の権威から解放したが、人々をさらに専制的な権威に服従させた。すなわち神にである。

《ルッターの「信仰」は、自己を放棄することによって愛されることを確信することであった。それは国家とか「指導者」にたいし、個人の絶対的な服従を要求する原理と、多くの共通点をもつ解決方法である》

ジャン・カルヴァンは「予定説」において人間の運命は決定されていると唱えた。

《カルヴィニストはまったく素朴に、自分たちは選ばれたものであり、他のものはすべて神によって罰に決定された人間であると考えた。この信仰が心理的には、他の人間に対する深い軽蔑と憎悪とをあらわすことは明らかである》

戦場はここにある

安倍の発言をまとめると「立法府の長」たる総理大臣（私）の説明が正しい理由は私が総理大臣であるからであり、総理大臣は森羅万象を担当しているとのこと。こうしたバカが暴走するようになったのも、近代化と関係がある。資本主義は人間を伝統的な束縛から解放し、自由な存在にした。

エーリヒ・フロム（1900〜80）／ドイツの社会心理学、精神分析、哲学の研究者。

《個人の努力によって、成功することも経済的に独立することも可能になった。金が人間を平等にし、家柄や階級よりも強力なものとなった》

そして個人は孤立した。共同体はすでに破壊されているので、復古は意味を持たない。大衆は疑似共同体、自分を縛り付けてくれる権力を探し求めるようになる。

その上で、フロムはナチズムを分析する。ナチズムには、内容と呼べるようなものは何もなかったが、ナチが何であるかを知らないまま、ただ力があるという理由だけで大衆は支持した。

《ヒットラーが権力を握ってからは、さらにもう一つの誘因が力をえて、大多数のものがナチ政府にたいして忠誠を捧げるにいたった。幾百万のひとびとにとって、ヒットラーの政府は「ドイツ」と同一のものになった。ひとたびヒットラーが政府の権力を握った以上、かれに戦いを挑むことはドイツ人の共同体からみずからを閉めだすことを意味した。他の諸政党が廃止され、ナチ党が（ドイツと）同一のもので「ある」とき、ナチ党にたいする反対はドイツにたいする反対を意味した》

情弱のネトウヨが政権批判をする人物を「左翼」「反日」と決めつけるのも同じような現象だろう。こうして彼らは自己欺瞞を続け、《興奮を約束し、個人の生活に意味と秩序とを確実に与えると思われる政治的機構やシンボル》に引き寄せられていく。こうした状況に抵抗しても無駄という「大人の態度」は、ファシズムの土壌である。

ジョン・デューイの名言を孫引きしておく。

《われわれのデモクラシーにたいする容易ならぬ脅威は、外国に全体主義国家が存在するということではない。外的な権威や規律や統一、また外国の指導者への依存などが勝ちをしめた諸条件が、まさにわれわれ自身の態度のなかにも、われわれ自身の制度の中にも存在する

ということである。したがって戦場はここに――われわれ自身とわれわれの制度の中に存在している》

夏目漱石が見抜いていた文明開化の失敗

近代の背景

数年前、和歌山市に行ったときに路線バスに乗って和歌の浦を訪れた。最寄りのバス停で降り、しばらく歩くと浦が見えてきた。国指定の名勝で、その名のとおり多くの和歌に詠まれている。

「若の浦に潮満ち来れば潟を無み葦辺をさして鶴鳴き渡る　山部赤人」
「和歌の浦に白波立ちて沖つ風寒き暮は倭し思ほゆ　藤原卿」

「若の浦に袖さへ濡れて忘れ貝拾へど妹は忘らえなくに　作者未詳」

明治四四年、夏目漱石は和歌山で講演するついでに和歌の浦を訪れた。

《私は昨日和歌の浦を見物しましたが、あすこを見た人のうちで和歌の浦は大変浪の荒い所だという人がある。かと思うと非常に静かな所だという人もある。どっちが宜いのか分らない。だんだん聞いて見ると、一方は波の非常に荒い時に行き、一方は非常に静かな時に行った違から話がこう表裏して来たのである》（『私の個人主義』）

両方とも嘘ではないが、そこには時間という要素が欠けている。漱石は同様に近代も単純に定義できないと言う。

《私は現代の日本の開化という事が諸君によくお分かりになっておるまいと思う》

漱石は西欧の近代化が必然だったという話をした後で、日本の開化は違う道をたどったと指摘する。

《もし一言にしてこの問題を決しようとするならば私はこう断じたい、西洋の開化（すなわち一般の開化）は内発的であって、日本の現代の開化は外発的である》

西欧における近代の背景には、長年にわたる闘争と宗教の問題がある。しかし、日本は外発的に、そして無批判に近代を受容し、神棚に飾った。近代啓蒙思想のアンチテーゼとしての保守主義が日本に根付かなかった理由は、近代が理解されなかったからである。

近代に対する免疫力を持たない日本では、「改革＝善」という妄想が暴走していく。結果、国家の中枢から国が解体されていった。

こうなることを漱石は予言していた。

《これを前の言葉で表現しますと、今まで内発的に展開して来たのが、急に自己本位の能力を失って外から無理押しに押されて否応なしにそのいう通りにしかければ立ち行かないという有様になったのであります。それが一時ではない。四五十年前に一押しされたなりじっと持ち応えているなんて楽な刺戟ではない。時々に押され刻々に押されて今日に至ったばかりでなく向後何年の間か、または恐らく永久に今日のごとく押されて行かなければ日本が日本として存在できないのだから外発的というより外に仕方がない》

夏目漱石（1867〜1916）／小説家、評論家、英文学者。日本の近代を鋭く分析。

慧眼としか言いようがない。現在も日本人は近代に押され、混乱し、大切なものを見失っている。

ゲーテは言う。

《ある外国の改革を導入しようとする試みは、自国民の本質に深く根ざした要求でないかぎり、すべて愚かなことだ。そうした故意に企てられた革命などは、いっさい成功しないものだよ。というのも、そこには神がいないからだ》（エッカーマン『ゲーテとの対話』）

乃公の国には富士山がある

漱石の講演から一〇〇年以上たった今、状況はさらに悪化している。漱石は《一言にしていえば開化の推移はどうしても内発的でなければ嘘だと申し上げたいのであります》と言ったが、日本の開化は嘘にまみれた表層的で軽薄なものだった。逆に言えば、無節操、恥知らず、無知、忘恩こそが、日本人に深く染み込んだ「内発的」な態度だったのだろう。平成の三〇年にわたる「改革」のバカ騒ぎの中、日本は《天狗にさらわれた男のように》自らの足場を切り崩してきた。

《こういう開化の影響を受ける国民はどこかに空虚の感がなければなりません。またどこかに不満と不安の念を懐かなければなりません。それをあたかもこの開化が内発的ででもあるかのごとき顔をして得意でいる人のあるのは宜しくない》

正面から現実を見たくない人々は、自己欺瞞を始める。それを極限までこじらせると、聖徳太子の十七条憲法を民主主義のルーツとして持ち出すような安倍晋三や稲田朋美のようなカルトが政権中枢にもぐり込むことになる。

　漱石は言う。

《これを一言にして言えば現代日本の開化は皮相上滑りの開化であるという事に帰着するのである》

《とにかく私の解剖した事が本当の所だとすれば我々は日本の将来というものについてどうしても悲観したくなるのであります。外国人に対して乃公の国には富士山があるというような馬鹿は今日は余りいわないようだが、戦争以後一等国になったんだという高慢な声は随所に聞くようである。中々気楽な見方をすれば出来るものだと思います》

　漱石は呆れて吐き捨てているが、今のわが国の書店には「乃公の国には富士山がある」という類の「馬鹿」が書いた本が平積みになり、すでに日本が三等国になっていることに気づかない愚民たちが、周辺諸国に悪態をつくことで、精神のバランスを辛うじて保とうとしている。安倍晋三という究極の売国奴が、自称「保守」に支持されるという倒錯も、開化の失敗を示す一つの症例だ。

第2章

反日国賊売国奴
安倍晋三の正体

「平成」の改革騒ぎが行き着いた〝安倍政権〟という悪夢

先日、書店に行ったら、『頭に来てもアホとは戦うな!』という本が平積みになっていた。確かにアホと戦うのは面倒だ。議論して勝ったところで連中は改心しないし、逆恨みされるだけ。時間の無駄だし、ストレスの原因にもなる。合理的に考える人間はアホとは戦わないと思う。

しかし、それでも戦っている人たちがいる。合理より大切なものがあると考えるからだろう。

バカを放置するのか、それとも戦うのか。多くの人が同じような悩みを抱えてきた。

フリードリヒ・ヴィルヘルム・ニーチェが書いた『ツァラトゥストラ』もそういう話だ。賢者ツァラトゥストラは、バカに説教しても無駄だと俗世に呆れ果て隠遁する。しかし、それでも人間の可能性を捨てきれず、再び語り出す。そこにあるのは人間愛・人類愛だ。守りたいもの、愛するものを持っている人間は戦う。それはニヒリストが考えるようなカネで換算できる価値ではない。

程度の差こそあれ、人間の営みとはそのようなものだと思う。自宅の前にゴミが落ちていたら、ほうきとちり取りで掃除をする。放っておけば風で吹き飛んでいくかもしれないし、誰かが片付けるかもしれない。掃除したところで時間がたてばまたゴミが増えていく。それでも掃除をする。これも日々の生活に対する愛だ。

バカと戦ったところで、バカがいなくなるわけではない。

フリードリヒ・W・ニーチェ(1844〜1900)／ドイツの古典文献学者、哲学者。

日本がよくなる保証もない。それでも、目の前にあるゴミは片付けなければならない。

あくまでイメージだが、歯の隙間に橋下徹が挟まっていたら嫌だろう。つまようじや歯ブラシでかき出そうとする。ハエが飛んでいたら殺虫スプレーをシューッとするし、ゴキブリがいたら新聞紙を丸めて叩きつぶす。そこでは行為と目的は一致している。

ニーチェは、現代は《排泄する力をもは

やもたない一つの社会》（『権力への意志』）だと言った。排泄物をため込めば、今のようなクソまみれの社会になる。国家の解体はすでに最終段階に入った。平成の三〇年にわたる「改革」のバカ騒ぎが安倍政権という悪夢に行き着いたのだとしたら、たとえ手遅れであったとしても、事なかれ主義と「大人の態度」を投げ捨て、バカとは戦わなければならない。これは人間の尊厳に対する義務なのだ。

〝第二のサンゴ虚報事件〟と安倍の朝日新聞批判

例のホラ吹きが、また大ボラを吹いた。ＮＨＫの「日曜討論」（二〇一九年一月六日放送）で、安倍は名護市辺野古の埋め立てについて「土砂投入に当たって、あそこのサンゴは移している」と発言。キャスターがその場で真偽を確かめなかったのは、六〇を超えた男がすぐにばれる嘘をつくはずがないという思い込みがあったからか。

しかし、この発言はすぐに問題になる。沖縄県知事の玉城デニーは「安倍総理……。それは誰からのレクチャーでしょうか。現実はそうなっておりません。だから私たちは問題を提起しているのです」とツイート。

当初ネット上では「この先、安倍はごく一部のサンゴ移植を理由に環境を保全したとゴマカすのではないか」との推測が広がったが、現実はさらにはるか斜め上をいく。

安倍の発言は根も葉もない大嘘だったのだ。土砂が投入された海域「埋め立て区域二―一」からサンゴは移植されていないし、「砂をさらって絶滅危惧種を別の浜に移した」という説明もデマだった。単に多くのサンゴが生息し、ジュゴンも住む海草藻場に、問答無用で土砂をぶち込んだだけの話。

琉球新報は社説で、「一国の首相が自らフェイク（嘘）の発信者となることは許されない」「埋め立て海域全体で約七万四千群体の移植が必要で、終わっているのは別の区域の九群体のみだ」と批判した。

いつものことだが、安倍はとっさに嘘をつく。国会で嘘をつくのは常態化しているが、ロシアのプーチンに「北方領土問題を解決した上で平和条約を締結するのが日本の原則」だと直接反論したとか、米軍のF15戦闘機墜落に関し「飛行中止を申し出た」などと、外交の場でも平気な顔で嘘をつく。こうした虚言癖を持つ男を諸外国がどのように観察しているかは想像に難くない。

今回の件は第二のサンゴ虚報事件である。一九八九年、朝日新聞社のカメラマンが沖縄のサンゴに「K・Y」と落書きし、その写真をもとに記事を捏造。これが発覚し、朝日新聞社は窮地に追い込まれ、当時の社長が引責辞任した。この件に関し安倍は「なかなか謝らなかった」と朝日新聞社を強く批判していたが、K（空気が）Y（読めない）オオカミ中年に、その言葉をそのままお返ししておく。

安倍政権で焼け野原 まずは現実を認めよ

四半世紀ぶりに黒澤明監督の映画『夢』を見た。そのワンシーン。敗戦後、復員した陸軍将校の前に戦死した小隊の亡霊が現れる。彼らは自分たちが死んでいることを理解できずに彷徨しているのだ。元日本兵の横井庄一は、敗戦の事実を知らずにグアム島に二八年間も潜伏した。国際ジャーナリスト堤未果の『日本が売られる』を読むと、それが過ぎ去った時代の話とは思えない。日本がすでに三流国に転落している事実に多くの人々が気づいていないからだ。

平成の三〇年間にわたる売国・壊国路線の総仕上げをやったのが安倍政権だった。規制緩和の旗の下、「既得権益を破壊する」という連中が「構造改革利権」という新しい利権を確保し、私利私欲のために国を売ってきた。本書には膨大な金額に上る「国が発注し、パソナグループが受注した事業リスト」が載せられているが、国家戦略特区諮問会議のメンバーで人材派遣最大手パソナグループ取締役会長の竹中平蔵のような人物が国の中枢に寄生してきたのもその一例だ。

堤は安倍政権が国民の財産、公的資産を外資、国際資本に叩き売った売国政権であるという事実を綿密な取材と具体的なデータにより明らかにしている。にもかかわらず、現実を直視できず、安倍政権を支持する人々は依然多い。

だが、敵の本性がわからなければ、そもそも勝負にならない。

今は左右で小競り合いをしている時間の余裕はない。日本人は決起すべきだ。敵は国民の財産を横流ししている安倍政権およびその周辺の売国反日勢力である。まずはわが国がすでに焼け野原になっている現実を認めるべきだ。さもなければ、わずかに残された反撃のチャンスさえ失われてしまう。

確実な証拠がないから追及が必要なのだ

ナチスの宣伝相でヒトラーの女房役のゲッベルスによるプロパガンダの手法は、より洗練された形で今の日本で使われている。デタラメな説明を一方的に繰り返し、都合が悪くなれば、言葉の置き換え、文書の捏造、資料の隠蔽、データの改竄を行う。わが国は再び二〇世紀の悪夢を繰り返そうとしているが、言論統制も深刻な状況になってきた。

二〇一八年一二月、東京新聞の望月衣塑子記者が、官房長官の菅義偉に対し、辺野古の米軍新基地建設について「埋め立て現場では今、赤土が広がっており、沖縄防衛局が実態を把握できていない」と質問。すると官邸は激怒し「事実に反する質問が行われた」との文書を出した。では、事実に反するのはどちらなのか？

土砂投入が始まると海は茶色く濁り、沖縄県職員らが現場で赤土を確認。県は「赤土が大量に混じっている疑いがある」として沖縄防衛局に現場の立ち入り検査と土砂のサンプル提供を求めたが、国は必要ないと応じなかった。その後、防衛局が出してきたのは、赤土投入の件とは関係のない過去の検査報告書だった。

　東京新聞は官邸から過去に九回の申し入れがあったことを明らかにし、反論を掲載。それによると望月記者が菅に質問すると報道室長が毎回妨害。安倍が流した「サンゴ移植デマ」についての質問は開始からわずか数秒で「簡潔に」と遮られた。国会で「申し入れは報道の萎縮を招く」のではないかと問われた菅は「取材じゃないと思いますよ。決め打ちですよ」と言い放ったが、特定の女性記者を「決め打ち」しているのは菅だ。

パウル・ヨーゼフ・ゲッベルス（1897〜1945）／
ナチス党政権下で国民啓蒙・宣伝大臣。

　もちろん、メディア側が間違うケースもある。にもかかわらず、疑惑の追及は行われなければならない。モリカケ事件の際も「確実な証拠があるのか」とネトウヨが騒いでいたが、アホかと。確実な証拠があるならすでに安倍は牢屋に入っている。確実な証拠がないから追及が必要なのだ。事実の確認すら封じられるなら、メディアは大本営発表を垂れ流すだけの存在になる。

「（沖縄の県民投票が）どういう結果でも移

設を進めるのか」と問われた菅は「基本的にはそういう考えだ」と述べていたが、そのときの満足げな表情は、望月記者をいじめ抜いたときと同じだった。菅の行動原理が読めないという話はよく聞くが、単なるサディストなのかもしれない。言い過ぎだって？　いや、そのご指摘はあたらない。

拉致家族会は安倍の「アタクチ詐欺」に巻き込まれた

北朝鮮拉致被害者の家族会は、安倍晋三被害者の会ともいえる。関係者が高齢化する中、問題は長引いたまま。安倍は拉致問題で名前を売ってきたが、北朝鮮を利用しているだけ。これまでも「北朝鮮情勢が緊迫してきてから、安倍さんはすっかり元気になって、『ツキがまわってきた』と側近たちに話しています」(「週刊現代」)、「『(安倍周辺から)北がミサイルを撃ってくれないかな』という声があがっている」(「日刊ゲンダイ」)といった官邸関係者の声が報道されてきたがゲスの極みである。

第一次安倍政権は閣僚の不祥事による辞任ドミノでつぶれたが、第二次政権以降は何があっても絶対に辞めず、ほとぼりが冷めるまで世の中をごまかし続ける作戦に出た。性的暴行や盗撮が発覚し自民党を離党した田畑毅の一件をはじめ、党内でゴタゴタが続く中、例によって安倍の十八番が飛び出した。「次は私自身が金正恩朝鮮労働党委員長と向き合わなければならないと決意をしている」(二〇一九年二月二八日)。

このセリフ一体、何回目？

「次は」「今度は」「私が直接向き合って」「あらためて意欲」……。有言不実行。「オレオレ詐欺」ならぬ「アタクチ詐欺」である。

これまでの安倍の言動は支離滅裂だ。

「対話による問題解決の試みは無に帰した」と断言しておきながら、「私は北朝鮮との対話を否定したことは一度もありません」と平気な顔で嘘をつく。二〇一八年五月、トランプが米朝会談をキャンセルすると、いち早くトランプ支持を打ち出し、やっぱり会談することになると「会談は必要不可欠だ」とひたすら追従する。「拉致問題は安倍内閣が解決をする」と言っておきながら、いつ解決するのかと聞かれると「拉致問題を解決できるのは安倍政権だけだと私が言ったことはない」。ただのホラ吹きでしょう。

デマも流しまくり。二〇一七年九月、NHKは政府の発表として「北朝鮮のミサイルが日本の領域に侵入」と報道。自民党の中でもまだ正気を維持している石破茂は情報を否定。「このようなことを繰り返していると、やがて国民の政府に対する信頼が失われる」と苦言を呈した。

以前、北朝鮮の外務省副局長が安倍をこのように評価していた。

《安倍は本当にどれ一つ不足がない完ぺきな馬鹿であり、二つとない希代の政治小人だ。平壌は安倍という品物をこのように品評する》

北朝鮮はロクでもないけど、この安倍評はなかなか的確。

欺瞞を重ねる安倍による「新憲法施行」に終止符を

憲法記念日に開かれた日本会議系の改憲集会に安倍がビデオメッセージを送り、「二〇二〇年の新憲法施行」への意欲を表明したそうな。九条に自衛隊を明記し「違憲論争に終止符を打つ」とのことだが、終止符を打たなければならないのはこのデタラメな政権だ。

九条の一項（戦争の放棄）、二項（戦力の不保持と交戦権の否認）をそのままにして自衛隊の存在を明記するということは、戦後の欺瞞に欺瞞を積み重ね、憲法の意味すらぶち壊すということ。これは改憲派が積み上げてきたロジックとも一八〇度異なる。安倍は産経新聞のインタビューで「平成二九年の衆院選で自民党は自衛隊明記を真正面から公約に掲げ、国民の審判を仰ぎました」「（憲法改正は）結党以来の党是」（実際は自主憲法制定）などと嘘、デタラメを並べ立てていたが、官邸はおかしな勢力に完全に乗っ取られたようだ。

二〇一九年四月二二日、野党五党が集団的自衛権の行使容認を柱とする安全保障関連法を廃止するための法案を参院に共同提出した。これは当然。この問題の本質は、集団的自衛権を現行憲法の枠内で通せるか否かだ。集団的自衛権とは「ある国家が武力攻撃を受けた場合に直接に攻撃を受けていない第三国が協力して共同で防衛を行う権利」であり、憲法を読めば通せないことは自明だ。仮に憲法との整合性の問題がクリアできたとしても、集団的自衛権の行使が国益につながるかどうかは別である。国益につながるなら、議論を継続し、正当な手続きを経た上で、法案を通せばいいだけの話。

ところが安倍は、仲間を集めてつくった有識者懇談会でお膳立てしてもらってから閣議決定し、「憲法解釈の基本的論理は全く変わっていない」「アメリカの戦争に巻き込まれることは絶対にない」「自衛隊のリスクが下がる」などとデマを流し、法制局長官の首をすげ替え、アメリカで勝手に約束し、最後に国会に諮り、強行採決した。当時、産経新聞は「急ぐ必要があるのだから仕方ない」と書いていた。しまいには首相補佐官の礒崎陽輔が「法的安定性は関係ない」と言い出した。

要するにこの時点で日本は法治国家から人治国家へ転落していたのだ。安倍は改憲による一院制の導入も唱えている。この際、右も左も保守も革新も護憲派も改憲派も関係ない。日本人ならタッグを組み、カルトによる危険な改憲を阻止すべきだ。

皇室を軽視する一方で政治利用する安倍

やはり私が予測していたとおりだった。二〇一九年四月三〇日、御代替わりを前に執り行われた「退位礼正殿の儀」で安倍は、「天皇皇后両陛下には、末永くお健やかであられますことを願って……あらされますことを願っていません」と発言。失礼にも程がある。これについて、「願って已みません」を誤読したのではないかとの指摘が広がったが、その可能性はゼロに近いと私は言っておいた。云々（でんでん）、背後（せご）、腹心の友（ばくしんのとも）……。安倍が漢字が苦手なのは誰もが知っている。よって原稿は総ルビかひらがなだろうと。首相官邸は当初沈黙していたが、騒ぎが大きくなったためかツイッターで弁明。該当部分は『や』みません」とひらがなであり、「一部」で報道されているような漢字の読み間違いではないとのこと。

原稿の「あらせられます」を「あられます」「あらされます」と読んだのは滑舌が悪いからだろうが、「いません」の部分は滑舌とは関係ない。聞き取りやすく、そう発声している。

よって、二つの可能性が考えられる。

①「願ってやまない」という日本語を知らなかったので、知っている言葉に勝手に置き換えた。要するに、重要な儀式にもかかわらず事前に原稿チェックも練習もしなかったということ。

② 緊張して、つい本音が口をついて出てしまった。これは心理学の対象。

どちらにせよロクでもない。これまでの安倍の皇室に対する姿勢も常軌を逸している。

二〇一六年八月、陛下（上皇）が「お気持ち」を表明されると、官邸は宮内庁長官の首をすげ替えた。明らかな嫌がらせである。また、安倍は震災被災者に寄り添う陛下のものまねをしてちゃかし、カーペットに膝をつきながら「こんな格好までしてね」と吐き捨てたという。これは亀井静香が明らかにしていたが、国民に寄り添おうとする陛下の存在が疎ましいのだろう。

安倍は大統領制を唱えていた橋下維新（今はトーンダウンして首相公選制）と改憲でタッグを組む意欲を見せている。これが何を意味するのか、皇室を大切に思う日本人はよく考えたほうがいい。安倍にとって皇室は自分の支持を高めるための小道具にすぎず、いみじくもトランプに説明したとおり、天皇の即位など「スーパーボウルの一〇〇倍」程度の価値にすぎないのだから。

日本は人治国家に転落 安倍政権支持者こそ「反日」

今の日本の状況を象徴するようなニュースがあった。

大阪市で行われた新聞記者のトークイベントに、森友学園前理事長の籠池泰典がゲストとして登壇（二〇一九年六月一三日）。

「七五年ほど前、大東亜戦争のような統制の世になってきている」「皆さん、安倍首相に騙されてはいけませんよ。まあ、最初に騙されたのは僕やけどね」と発言し会場は爆笑。

そこにもう一人のゲストとして共産党の宮本岳志前衆院議員が登場。森友問題追及の急先鋒に立った人物だ。二人は壇上で握手し、宮本は「この方と握手する日が来るとは思ってもいませんでした」、籠池は「きのうの敵はきょうの友やね」と返したそうな。平時なら見られない光景だろう。籠池は拘置所で私の本を読んでくれた。おかげで洗脳が解けたと言ってくれる人も一定数いる。

しかし病は深い。安倍政権の暴走に歯止めをかけない限り、日本は崩壊する。というか公文書の改竄や資料隠蔽などにより、日本はすでに三流国家、人治国家に転落している。それに対する危機感が、保守勢力（ネトウヨ・ビジネス保守は除く）と革新勢力の接近を生み出しているのだろう。

二〇一八年末、雑誌「月刊日本」に《野党共闘を実現せよ》という亀井静香と志位和夫の対談が掲載されたのも一例だ。

全方位売国を続ける安倍政権に対し、国家主権を守れ、社会を守れと保守的な主張を繰り返してきたのは共産党である。

しかし、国民側に共産党に対するアレルギーがあるのも事実だ。こうした状況で野党共闘は成り立つのか。私は、共産党の清水忠史衆院議員から彼らの本音を聞き出しておいた。拙著『日本共産党政権奪取の条件』を参考にしていただきたい。

第一次安倍政権崩壊のきっかけは「消えた年金問題」だった。安倍は当時、「最後の一人までチェックして正しい年金をきちんとお支払いをします」と言ったが、いつもどおりの嘘だった。いまだに二〇〇〇万件の記録がうやむやになっている。

国民を貧しくし、社会を下品のドン底に叩き込んだ破廉恥な政権を支持するなら、それこそ周辺の連中がよく使う「反日」という言葉がふさわしいのではないか。

吉本興業がつなげる詐欺グループ 官邸、維新の共通点

吉本興業のタレントと振り込め詐欺グループのつながりがニュースになっていた。「カラテカ」入江慎也の仲介で「雨上がり決死隊」の宮迫博之、「ロンドンブーツ1号2号」の田村亮、レイザーラモンＨＧら一〇人以上のタレントが詐欺グループの二〇一四年末の忘年会

に出席。そこは日本最大規模の詐欺グループで、一〇〇億円以上を荒稼ぎしていたという。「闇営業」の中心人物だった入江の契約は解除に。宮迫は「ギャラはもらっていない」と釈明していたが、詐欺グループ側が仲介役の入江の口座にカネを振り込んだと証言し、最終的に金銭授受を認めた。

昔から芸能界と反社会集団のつながりは指摘されてきた。島田紳助の暴力団との交際問題なども記憶に新しい。「振り込め詐欺」というのは現代的だが、そう考えると、吉本興業が官邸や大阪維新の会とべったりなのも興味深い。

二〇一九年四月二〇日、安倍晋三は「なんばグランド花月」で新喜劇の舞台に立ち、変な関西弁を使って観客におもねろうとした。これも衆院大阪一二区補選の応援が目的だったのだろう。

安倍政権の成長戦略の目玉として設立された官民ファンド「クールジャパン機構」(海外需要開拓支援機構)は、吉本関連の事業に多額の税金を投入してきた。毎年のように赤字を出し、累積赤字は膨大な額に上るが、二〇一九年の四月には一〇〇億円の出資が決まった。

なぜか?

同機構が「安倍首相の信頼の厚い世耕弘成経済産業相のコントロール下」にあり、「安倍首相当人が吉本を気に入っているから、どうしようもない」(政府関係者)からだ(時任兼作「現代ビジネス」二〇一九年七月二七日)。

吉本側の「在京・在阪五社は吉本の株主やから大丈夫」という発言も、官邸や維新の会をバックにつけた自信から出たのだろう。

これまで維新がやってきたことは、振り込め詐欺のようなものだ。

これは誹謗中傷でも悪口でもない。事実として、大阪市解体をめぐる住民投票では、大量の嘘、デマ、プロパガンダが垂れ流された。維新は目盛りをごまかした詐欺パネルを使い、二重行政解消の「効果額」を粉飾。やりたい放題だった。

しかも、住民投票で否決されると、再び住民投票をやると言い出した。要するに「勝つまでジャンケン」。こうして票を振り込ませるわけだ。カタギの人間には理解できないだろう。

維新の議員は「前科持ち」が異常に多い。いまや維新関係者の逮捕は、選挙後の風物詩となっている。

私は吉本の文化的価値は高いと思っている。新喜劇にも何度か行った。そこで本物の芸人のすごさも知った。

吉本はこのあたりで企業としての体質を根本的に改めてはどうか。まずはコンプライアンス(法令順守)の徹底だ。安倍一味や維新、裏社会とはキッパリ縁を切り、クリーンなお笑いをお茶の間に届けてほしい。

論外に対しては論外でいい「審議すらしない党」を選ぶべき

三島由紀夫（1925〜1970）／小説家、劇作家、評論家。自衛隊市ヶ谷駐屯地で割腹自殺。

安倍はまだ改憲にこだわっているようだ。「（改憲の）審議すらしない政党を選ぶのか、審議をする政党を選ぶのか決めていただきたい」などと言っていたが、もちろん「審議すらしない政党」を選ぶべきだ。

「野党はなんでも反対。無責任だ」というネトウヨ御用達のテンプレートにわざわざ乗ってあげる必要もない。論外なものに対しては論外でいい。「ウンコ食え」と言われたら「嫌だ」でＯＫ。むしろ、対案を示してはならない。

実際、安倍が関わった二〇一二年の憲法

改正草案はウンコ以下だった。「全て国民は、この憲法を尊重しなければならない」「家族は、互いに助け合わなければならない」などと憲法の意味を理解している人間が作ったとは思えない。さすがに党内からも「まずい」という声が出たのだろう。谷垣禎一は「(これは野党時代に作ったものであり) 与党ですと、もう少し実現可能性を考えた」と軌道修正を図ったが、安倍は「私たちはこういう憲法を作りたいと思うから出した」とちゃぶ台をひっくり返した。

なお、私は昔から改憲派である。特に九条に限れば、独立国が軍隊を持つのは当然であり、憲法の矛盾は当然、改正により解消しなければならない。自衛隊の立場が曖昧なのは危険だ。

一方、安倍は改憲派が戦後積み上げてきたロジックをすべてドブにぶち込み、しまいには九条一項、二項を維持したまま三項を付け加えると言い出した。戦力の不保持をうたった後に戦力の保持を書き込む。アホにも限度があるが、これでは憲法は確実に空洞化する。

安倍は改憲による一院制の導入をもくろんでいるし、首相公選制を唱える日本維新の会ともつながっている。その狙いは権力の集中と皇室の解体、アメリカ属国化だろう。

戦後の欺瞞に異議を唱えた作家の三島由紀夫は、自衛隊がアメリカの指揮下に入ることを危惧した。

《国の根本問題である防衛が、御都合主義の法的解釈によってごまかされ、軍の名を用ひない軍として、日本人の魂の腐敗、道義の頽廃の根本原因をなして来ているのを見た。もっとも名誉を重んずべき軍が、もっとも悪質の欺瞞の下に放置されて来たのである》（「檄」）

三島が生きていたら安倍による改憲は全否定しただろう。日本の不幸は、まともな改憲派、保守派が激減したことだ。

カルト本性むき出し
オウムと変わらない安倍政権

オウム真理教による一連の事件は日本社会に大きな衝撃を与えたが、そこから教訓を学んだようには思えない。むしろ、人間の心の闇を利用する勢力が野放しになっているのが現在ではないか。ここに至って安倍政権はカルトの本性をむき出しにしてきた。

信者の間では「外交の安倍」ということになっているが、外交はすべて失敗。二〇一九年六月二六日にワシントン・ポスト紙が「北方領土『安倍首相の夢、ついえる』」という特集を組んでいたが、日本はロシアに「大きな譲歩」をしたが一島も戻ってこずに、ロシア側の主権がほぼ確定した。

安倍がホラ吹きの無能であることは国際社会では知れ渡っているので、G20でもほとんど相手にされない。成果は、サミット後の夕食会で、大阪城天守閣にエレベーターが設置されたことを「大きなミス」と言い、顰蹙《ひんしゅく》を買ったことくらい。

そうこうしているうちに、トランプは板門店に行き、出迎えた金正恩と握手。韓国の文在寅も同行し、金正恩と握手した。さらにトランプは北朝鮮に入国。金正恩をアメリカに招く考えを示した。

わが国には「次はアタクチ自身が直接向き合って」と何回も繰り返していた男がいたが、完全に蚊帳の外。外務省にもアメリカ側からの事前連絡はなかったという。

オウム真理教の目的は、麻原彰晃を中心とする祭政一致の専制政治体制を樹立することだった。教団内の不満分子は粛清され、生き残った幹部は暴走を始めた。

自民党本部は「フェイク情報が蝕むニッポン」なる冊子を作製して、所属国会議員に配布。安倍を「稀有な政治家」と礼賛し、他党議員を罵倒。安倍だけがイケメンに描かれている。麻原が美化されたオウム真理教のアニメと何も変わらない。発言も手法もカルトそのもの。

党首討論では、消費税の引き上げとデフレ脱却を同時に主張。意味不明。芸能人に近づき一緒に写真を撮って拡散し、同伴文化人には尊師の礼賛記事を書かせる。

安倍に対する問責決議案が出されると、自民党の三原じゅん子は血相を変えて「安倍首相に感謝こそすれ、問責決議案を提出するなど全くの常識外れ」「愚か者の所業」「恥を知りなさい！」と公の場所で絶対的帰依を誓ったのだった。昔からの自民党支持者は自民党以外へ投票すべきだ。それが自民党を正常化させる最短の道である。

保守が動けば世の中マシに
安倍一味から日本を取り戻せ

遅きに失したとはいえ保守（ビジネス保守・愛国カルト・ネトウヨは除く）も声を上げ始めた。二〇一九年六月二九日には改憲派の代表的論者、慶應義塾大学名誉教授の小林節が共産党支持を明確に打ち出した。

右翼団体の一水会も《今こそ、対米従属・自民党幕府の売国、腐敗を断罪する救国維新派の「処士横議」が重要だ》とツイート。

大阪では自民党支持層の一部が共産党の辰巳孝太郎候補支持に流れている。自民党大阪府連が官邸の意向に屈し、大阪市解体の住民投票実施賛成に寝返ったので当然だろう。野党は三二の一人区すべてに統一候補を擁立した。保守層や改憲派の票が野党に集まれば、世の中は今よりはマシになる。

「れいわ新選組」は安倍政権の売国政策（TPP、水道法、カジノ法、漁業法、入管法、特定秘密保護法、国家戦略特別区域法など）の一括見直し・廃止を唱えている。ここまで明確に反構造改革を打ち出しただけでも、高く評価しなければならない。これはアメリカのサンダース現象に似ている。二〇一六年大統領選の民主党予備選ではヒラリー・クリントンを強く批判。格差是正やTPP反対、マイノリティーの権利保護などを訴え、ネット経由で巨額の献金を集めた。

世界史的地殻変動はすでに始まっている。日本人は今こそ立ち上がるべきだ。急進的グローバリズムと決別し、安倍一味から日本を取り戻すべきだ。

バーニー・サンダース（1941〜）／アメリカ合衆国の民主党極左の政治家。

「責任」という概念を理解できない男に責任はとれない

わが国においては言葉の意味がすでに蒸発している。安倍という男の人生を振り返ってみても、口を開けば「私の責任」と繰り返し、責任を取ることは一度もなかった。佐田玄一郎、久間章生、赤城徳彦、遠藤武彦、小渕優子、松島みどり、西川公也、甘利明、今村雅弘、稲田朋美、桜田義孝……。閣僚が不祥事を起こし辞任するたびに、「任命責任は私にある」と言いながら、時間を稼いでほとぼりが冷めるのを待つ。

安倍は米英のイラク侵略に関し「大量破壊兵器がないことを証明できるチャンスがあるにもかかわらずそれを証明しなかったのはイラクだった」と発言している。いわゆる「悪魔の証明」問題で、挙証責任は当然イラクにはない。要するに「責任」という概念を理解していないのだ。

「責任政党として約束することは必ず実行する、できることを約束していく政党であらねばならない」と言った直後に公約違反を追及されると「これまでのお約束と異なる新しい判断」

と言ってごまかす。外交はすべて失敗。「北方領土問題に終止符を打つ」と言って、プーチンに終止符を打たれ、「拉致被害者を自分の責任で取り戻す」と言ったかと思えば、「拉致問題を解決できるのは安倍政権だけだと私が言ったことはない」とニヤける。

森友学園への国有地売却をめぐる財務省の決裁文書改竄事件に関しては「国民の行政に対する信頼を揺るがす事態となった。行政の長として責任を痛感している。行政全般の最終的責任は首相である私にある」と言いながら、責任逃れに終始した。

二〇〇六年の暮れ、「首相にとって今年の一文字は？」と質問された安倍は「変化」と答えている。困った記者がもう一度「一文字にしたら？」と聞くと「責任」と答えた。植木等は「日本一の無責任男」を演じたが、「天然」の安倍にはかなわない。

国民を数でしか捉えない自民党は下野すべきだ

台風一九号の豪雨により、宮城や長野、福島など七県の一一一カ所で河川が決壊。また、土石流や地滑りなどの土砂災害は一九都県で二〇〇件を超えた。死者七九人、行方不明者一八人を出したこの大災害に対し、自民党幹事長の二階俊博は「まずまずに収まったという感じだ」と発言。詳しい状況がわからず、被害が拡大している中での暴言に国民や野党から批判が相次いだ。

その後、二階は「日本がひっくり返るような災害に比べれば、そういうことだ」と釈明。聞いているほうがひっくり返る。

騒ぎが大きくなると、「被災地の皆さまに誤解を与えたとすれば表現が不適切だった」と被災者が誤解したことにし、記者から「訂正、撤回するか」と聞かれると、ふてくされ、語気を強めて「不適切であると言っているわけですから、それはその表現を重ねて発言しようと言っていることではないでしょ。それでいいんじゃないですか」と開き直った。

要するに国民を数でしか捉えていない。今の自民党はプロパガンダとマーケティングの手法により票を集めているので、自然とこうした発言が出てくるのだろう。

しかし被災者は数字ではなく生身の人間だ。福島県郡山市では母と息子が土砂崩れに巻き込まれて亡くなった。神奈川県相模原市では家族四人が乗った車が川に転落し、父母と長女の遺体が見つかった。行方不明だった八歳の長男とみられる遺体はようやく発見された。

台風が関東に上陸する前日、安倍は有楽町の「アピシウス」でフランス料理を食っていた。

デフレ下における消費税増税もそうだが、今は人の痛みがわからない連中がソロバン勘定で政治をやっている。

台風は天災だが安倍は人災だ。二階は党則をねじ曲げてまで安倍三選を押し通し、自分の幹事長のポストを確保したが、最近は「安倍さんのあとは安倍さん」「(四選について)おのずとそういう声が出てくる」などと言い出した。何が「おのずと」だ。前回も今回も二階が動いているのである。

「今(次の首相に)手を挙げている人はいない。(自民党の)過去はウエーティングサークルにバットを持っている人がいっぱいいた。今はそれがない」

そこまで人材がいないなら国民のために自民党は下野すべきだ。

日本完敗で達成された「戦後外交の総決算」

ロシア政府がウラジオストクで開いた「東方経済フォーラム」全体会合で安倍が演説。プーチンに向かって、「ウラジーミル。君と僕は、同じ未来を見ている。行きましょう、プーチン大統領」「ゴールまで、ウラジーミル、二人の力で、駆けて、駆け、駆け抜けようではありませんか」と発言。ネットでは「気色悪いポエム」「青年の主張」などと揶揄《やゆ》されていたが、恋をしているのかもしれない。これまでもプーチンに会えば、体をくねくねと動かし、瞳を潤ませ、全力で恭順の意を示してきた。

一方、プーチンは安倍を「金づる」「ぱしり」くらいにしか思っていない。安倍がウラジオストクに到着した日には、色丹島に建設された水産加工場の稼働式典にテレビ中継で祝辞を述べ、実効支配をアピール。会合翌日には「(北方領土は)スターリンがすべてを手に入れた。議論は終わりだ」と切り捨てた。要するに最初から一島たりとも返す気はない。

安倍は演説でロシアの四行詩を紹介。

「ロシアは、頭ではわからない。並の尺度では測れない。何しろいろいろ、特別ゆえ。ただ信じる。それがロシアとの付き合い方だ」

安倍がやっていることはこれだ。ホストに大金を貢ぐおばさんと同じ。プーチンが安倍と二七回も会ったのはなぜか。「同じ未来を見ている」からではない。ボンクラが日本の総理をやっているうちに、むしり取れるものはむしり取るためだ。狡猾なプーチンが千載一遇のチャンスを見逃すわけがない。

ウラジミール・プーチン（1952〜）／第2、4代ロシア連邦大統領。KGB出身。

二〇一八年九月一二日、プーチンは、平和条約締結後に二島の引き渡しを明記した日ソ共同宣言に言及した上で、「前提条件を付けずに年内に平和条約を締結し、すべての問題の議論を続けよう」と発言。これは日本とロシアが積み重ねてきた交渉のすべてを反故《ほご》にするものだが、安倍は拒絶するどころか謎の満面の笑み。この態度が問題になると、「プーチンに対し直接反論した」と嘘までついている。ある意味で安倍の言う「戦後外交の総決算」は達成された。日本の完敗という形で。実際、政府は「北方四島は日本に帰属する」という記述を外交青書《せいしょ》から削除している。この期に及んで安倍政権を支持する日本人がいるのだから、戦後の平和ボケもここに極まったというべきだろう。

人材育成機能喪失で出来損ないがトップに

浪人中は加計学園が運営する千葉科学大学の客員教授に収まり、文部科学相も務める萩生田光一がテレビ番組に出演。大学入学共通テストに導入される予定の英語民間試験についてキャスターから制度が不公平との声があると指摘されると、「そこは、自分の身の丈に合わせて」と発言。萩生田は加計学園事件のキーパーソンで、「幸福の科学」による大学設立に奔走した「教育行政のエキスパート」ということもあり、余計に注目が集まったようだ。

まずは事実関係を整理する。

① 受験には定められた期間内に受けた英語民間試験の二回分が採用される。家庭が裕福なら期間前から何度も練習として試験を受けることができる。また、民間試験は都市部でしか行われないものもある。居住地によっては、試験を受けるために交通費や宿泊費がかかる。

② 民間試験は英検やTOEFLなど七種類に上るが、それぞれ問題の傾向も難易度も違う。成績を一律評価できるかは疑わしい。全国高等学校長協会は、制度を見直すよう求める要望

福澤諭吉（1835〜1901）／蘭学者、啓蒙思想家、教育者。慶應義塾の創設者。

書を文部科学省に提出。制度を利用しないと表明した大学・短大は約四割に上る。

要するに、貧乏人や田舎者は「分をわきまえろ！」ということだろう。「このままでは経済格差が教育格差につながる」と懸念する声もあったが、すでに日本はそうなっている。

家柄がいいという理由だけで出来損ないのボンボンが国のトップになってしまう。勉強が大嫌いで嘘をつくしか能がなかったガキ（野上忠興『安倍晋三 沈黙の仮面』）が、小学校からエスカレーターで大学に進み、いつの間にか卒業。

南カリフォルニア大学政治学科留学と自称していた時期もあるが英語はしゃべれず、義務教育レベルの漢字も読めず、日本語は大の苦手。歴史、政治、憲法について無知をさらし、箸も持てず、犬食いで、迎え舌。精神の成長が止まった「幼児」が今では玩具を振り回すようにして国の破壊にいそしんでいる。

福沢諭吉は「天は人の上に人を造らず」と言った。彼は別に平等主義を説いたわけではない。されども世の中には愚者が多い。だから「学問を身につけよ」と言ったのだ。官房長官の菅義偉は萩生田について「適材適所」と強弁していたが、政権にバカが集結したのも、人材を選別育成する制度が機能しなくなったからではないか。

社会のダニを担ぎ上げた有権者に罰が下る

菅原一秀の経済産業相辞任に続き、河井克行が法相を辞任。第二次安倍晋三政権発足後、不祥事や失言での閣僚辞任は九人（健康問題を除く）になった。そのたびに安倍はバカの一つ覚えのように「任命責任は私にある」と繰り返してきたが、もちろん、ただの一回も責任を取ったことはない。毎日新聞の記事によると「責任は私に」という発言は、三三の本会議・委員会で四九回に上るという（二〇一九年一一月四日）。

そもそも安倍は「責任」という概念を理解していない。閣僚の任命責任について問われると「その責任は、究極的には、しっかりと政策を前に進めていくことによって果たされるべきものだと考えています」「内閣として、総理大臣として一層身を引き締めて行政の責任を果たしていきたい」などと答えている。反省して引き返すどころか、これまでやってきた政策を「前に進める」と言うのだから、意味がわからない。

要するに、閣僚が辞めたら「責任は私に」と言えばいいと機械的に覚えているだけで、何を食べても「ジューシー」と言うのと同じ。そうなると、安倍に責任を問うこと自体が適切なのかという問題が出てくる。

中世ヨーロッパでは一部で動物裁判が行われた。一七世紀のフランスでは、痒みで人を苦しめた南京虫が銃殺刑になっている。

一方、近代人はダニに刺されてもダニに対して怒ったり、裁判にかけようとはしない。ダニは責任という概念を理解していないと考えるからだ。では、社会のダニの場合はどうか？モラルをまったく持たない人間はごく少数だが一定の割合で存在する。そして今のような近代が終焉に向かう過渡期においては、近代的な意味における「人間」という概念から大きく逸脱した安倍みたいな存在が暴走し、概念自体が成立しなくなっていく。

とはいえ、依然われわれは近代の枠組みの中で生活している。責任の所在を明らかにしなければ近代社会は成立しない。これまでのケースを見る限り、安倍が責任を取ることはないので、結局、尻ぬぐいをするのは国民ということになる。そしてすでに、国力の衰退という形で罰は下っている。

本当の意味で責任を問うべきなのは、社会のダニを担ぎ上げ、放置してきた日本社会および有権者である。

国家の私物化
安倍一味と反社会勢力

安倍一味が国のカネを支持者に横流ししていた件。すでに多数報道されているので簡単に説明しておく。「桜を見る会」が始まったのは一九五二年。各界で功績を挙げた人や著名人を招待するもので、飲食費を含めた開催費用は公金（二〇一九年は五五二〇万円）で賄われている。二〇一九年の参加者は一万八二〇〇人。例によって論点をずらそうとする連中がいたが、「桜を見る会」が問題なのではなく「桜を見る会」に後援会関係者を呼んだことが問題なのだ。

安倍の地元山口県からは支持者八五〇人が貸し切りバスに乗って参加。安倍は「招待者の取りまとめなどには関与していない」と答弁していたが、「桜を見る会」を日程に含んだ案内状が安倍の事務所から地元有権者に送付されていたことが発覚。会の前日には都内のホテルで安倍夫妻同席の夕食会が開かれていたが、このとき集めたカネは収支報告書に記載されていない。公職選挙法違反や公金横領、政治資金規正法違反が疑われているが、すでに証拠は山ほどある。

安倍の後援会関係者は「早朝七時三〇分にホテルを出発し貸切りバスで新宿御苑に向かい、到着するとすぐに安倍首相夫妻との写真撮影会が満開の八重桜の下で行われました」「安倍首相には長く政権を続けてもらい、今後もずっと『桜を見る会』に下関の皆さんを招いていただきたいと思い新宿御苑をあとにしました」とブログに書いていた。

自民党の稲田朋美、松本純、長尾敬、世耕弘成、萩生田光一らの後援会関連者も「桜を見る会」に参加。それらは文書に残されていた。

要するに詰み。完全にアウト。

今回発覚した国家の私物化は氷山の一角にすぎない。「桜を見る会」には安倍に近い統一教会の関連政治団体・世界戦略総合研究所の事務局次長や悪徳マルチ商法「ジャパンライフ」の会長も招待されていたが、今後は森友学園事件、加計学園事件を含めた一連の安倍事件の全容を解明しなければならない。これは、わが国が法治国家の体裁を維持できるかという問題にも関わってくる。

安倍は今すぐ議員辞職し、これまで何をやってきたのか洗いざらい白状すべきだ。そして、こんなバカを総理の座に就け放置してきた日本社会は深く反省すべきである。

「裸の王様」に寄生する周辺の乞食言論人

昔、万引Gメンの仕事を紹介するテレビ番組を見たことがある。デパートの出口でGメンに声を掛けられたオバサンが、盗んだ商品でパンパンに膨らんだ鞄を抱えながら、「私が万引なんてするはずないでしょ」と逆切れ。Gメンいわく「鞄からハミ出てますよ」。「桜を見る会」における安倍の言い訳もこれに近い。ハミ出ているどころかフルチンで公道を歩いているようなもの。裸の王様。これまで安倍が逃げ切ってきたケースと違うのは、今回は証拠が山のようにあることだ。よって、後はわが国が法治国家なのかどうかという問題になる。これで安倍が終わらなかったら、日本は終わりだ。

論点をずらしたり、話をそらしたり、問題を矮小化する安倍周辺の乞食言論人も多数いた。それに誘導され「税金の無駄遣いだ」「仲間ばかり集めるのはエコ贔屓だ」などととんちんかんなことを言って騒いでいる連中もいたが、もちろん問題はそこではない。

今回特に目についた工作員は、国際政治学者を名乗る三浦瑠麗と自称文芸評論家の小川榮太郎だ。

三浦はツイッターにこう書いている。

《桜を見る会が中止に。おそらく「国民感情」への配慮。時の権力者が催す宴には「なぜあいつが呼ばれた」になりがち。全ては国民感情次第ということなのでしょう》

《総数や予算は今後検討課題になるでしょう》

要するに会に呼ばれなかったやつが嫉妬しているだけだと。公職選挙法や政治資金規正法などの問題に一切触れずに、「総数や予算」の話に論点をずらす。本当におぞましい。

一方、小川はシンプルなバカ。

《要するに野党とマスコミは嫌がらせそのものが目的》

《民主主義では政権は選挙に勝った側が取る。行政そのものの公平性とは別に、政権支持者の優遇は当然生じるし、生じなければ逆におかしい。政権与党の支持者らは民主主義における勝者であり、良い政権であれば、そのコアな支持者らこそ国民の恩人なのである》

こうしたレベルの連中に支えられてきた安倍政権。安保法制で憲法を破壊し、公文書改竄事件などで国家を破壊し、現在、白昼堂々と法の破壊にいそしんでいる。悪党を放置すればどうなるのか。今、日本人はそれを目撃している。目撃DQN！

バカのふりして印象操作する人々

一昔前に「おバカブーム」があった。クイズ番組でタレントがわざと答えを間違え、全力で「私はバカです」とアピールする。こういう番組が成り立っていたのは、バカに共感する人間が一定数いるからだろう。有名人が死んで報道されるとヤフーニュースのコメント欄には「誰、それ。知らない」というコメントが必ず付く。「アタシィ〜ワカンナ〜イ」とバカのふりをして男に媚びる女の子もいる。

先日、某テレビ番組の司会者が「桜を見る会」に関し、「ちょっと若い人と話したんだけど、何がいけないんですか？っていう子がけっこういました」と呆れていたが、日本のメディアの病はすでにパンデミックの様相を示している。大の大人が公の場で、バカアピールを始めたのだ。

元産経新聞政治部長で政治ジャーナリストの石橋文登は、ネット動画番組で「僕は正直、桜を見る会の何が問題かさっぱりわからない」「政治外交にレセプションは欠かせない」などと発言。

「さっぱりわからない」はこちらのセリフだ。問題になっているのはレセプションの是非ではない。安倍が地元支援者を接待したことだ。私費だろうが公費だろうが、これは公職選挙法違反である。

産経新聞社のサイトにある「花田紀凱の週刊誌ウォッチング」では、花田が「なぜこんなことで大騒ぎしているのかがわからない」と猛烈にバカアピール。

《二一日の朝日新聞（東京版）、1面トップで白ヌキの大見出し「首相、招待関与認める」。総理が何か悪いことでもしたようだが、総理主催の「桜を見る会」なのだから「関与」は当たり前、印象操作もいいところだ》

そもそも一連の事件の流れをまったく理解していない。安倍は「招待者の取りまとめには関与していない」と言っていた。しかし、嘘をついていたのが明らかになったから大きく報道されたのである。印象操作しているのは花田だ。

本当はわかっているのに「わからない」と言うなら悪質なデマゴーグだし、本当にわからないならわかる人に聞けばいい。多くの法曹関係者や学者が安倍の行為が犯罪にあたることを具体的に指摘している。それでも安倍に問題がないというなら根拠を示せという話。「ワカンナ～イ」と体をくねらせて安倍に媚を売るのは言論ではない。

『カメラを止めるな！』を彷彿させる安倍ゾンビ

先日、『カメラを止めるな！』という映画を見た。

前半は作中劇であるB級ゾンビドラマで、後半はそのドラマを制作する過程を描いている。観客は後半を見ることにより、前半のドラマの不可解な点を「ああ、そういうことだったのか」と納得する仕掛けになっている。つまり、「作中ドラマを制作する人々」を撮影したドラマという入れ子構造になっているわけだ。

現在正気を維持している人間が見ているのはこれと同じ。自分が死んでいることに気づいていないゾンビが徘徊しているのを「なるほどねえ」とか「本当にバカだねえ」と冷めた目で眺めているのである。

　この構図が成り立つのはこれから安倍の追及が始まるのではなく、すでに詰んでいるからだ。しかしゾンビには恥も常識もない。負けを認めず、将棋盤をひっくり返し、嘘とメディアによる工作で逃げ切ろうとしたが、かえって事態の深刻さが明らかになってきた。

「桜を見る会」には安倍に近い統一教会の関係者や悪徳マルチ商法の「ジャパンライフ」会長、反社会的勢力のメンバー、半グレ組織のトップらが呼ばれていた。また、騒動の過程で、安倍が詐欺集団の広告塔だったことやオカルト（慧光塾）との深いつながりも注目されるようになった。要するに、安倍周辺のいかがわしい勢力が国を食いものにしてきたわけで、単なる買収事件で終わる話ではない。森友問題、加計問題を含めた権力の私物化という一連の「安倍晋三事件」の本質に関わる話であり、証拠隠滅をめぐる政府の姿勢は財務省の公文書改竄、防衛省の日報隠蔽、厚生労働省のデータ捏造なども一本の線でつながる。

　ただ今回は安倍の頭の悪さがプラスに作用した。弁解するたびに矛盾が見つかりドツボにはまっていった。嘘に嘘を重ねているうちに収拾がつかなくなった。政府は招待者名簿を共産党議員から資料要求を受けた日にシュレッダーにかけ、電子データもこの前後に削除したと無理筋の説明。データを復元できるか第三者の専門業者に調査を依頼する可能性についても否定した。これ、自分たちはクロだと全力で自白しているようなものだろう。今は安倍が終わるか日本が終わるかの瀬戸際だ。映画のキャッチフレーズ風にいえばメディアも観客も「最後まで席を立つな」。

政策論争は後でいい まずは悪党を排除せよ

「桜を見る会」に関する一連の騒動があった後の全国電話世論調査によると、安倍内閣の支持率は四二・七％（共同通信）。四二・七％もバカがいれば当然国は傾くが、興味深いのは安倍が疑惑に「十分に説明しているとは思わない」が八三・五％もいること。「十分に説明しているとは思わない」のに支持する人間が多数いるということだ。いろいろ終わっている。

安倍と周辺の一味は最初から説明するつもりはない。時間稼ぎをして、次々と新しいトピックを打ち出すことで、国民が忘れるのを待っているだけだ。同時に周辺メディアを使い「一体いつまでやるのか」といったバカ向けのテンプレートを社会に投下している。

「一体いつまでやるのか」はこちらのセリフ。招待者名簿を出せば一瞬で終わる話だ。

現在わが国で発生しているのは、政策論争でもイデオロギーの対立でもない。

単に犯罪集団、カルトの広告塔、反社とつながる勢力による国家の私物化を野党が批判しているだけだ。

野党共闘を妨害するメディアも増えてきた。「共闘は選挙やカネのための野合」「合流したところで政策が一致しないので分裂するはず」「政局ではなく政策論争をしろ」……。この手の連中は相手にする必要はない。立憲民主党、国民民主党、社民党、共産党、れいわ新選組は粛々と共闘を進めればよい。

基本政策を一致させたり、対等合併にこだわる必要もない。よく使われるたとえだが、宇宙人が地球を攻撃してきたら国同士が争っている場合ではなくなる。休戦協定を結び、地球を守る。それと同じで論外な集団には結束して立ち向かわなければならない。政策論争はその次の話。国が正常化してからゆっくりやればいい。

野党が今やるべきことは擁立候補の一本化とわかりやすい選挙の争点を提示することである。れいわ新選組代表の山本太郎は野党共闘について消費税率五%への引き下げを唯一の条件としている。共産党もこの条件に同意している。

ハードルも低いし、これでまとまればいいのではないか。

ディストピアを現実化
安倍政権の正体

安倍政権がまた公文書を改竄した。もはや反国家的な犯罪組織と言っていい。菅義偉は事実を認め（二〇二〇年一月一四日）、内閣府が二〇一九年一一月に国会に「桜を見る会」の推薦者名簿を提出した際に、推薦した部局名を隠す加工をしていたと明らかにした。「極めて不適切な対応で、今後、このような行為を厳に慎むよう内閣府に徹底した」とのこと。菅はつい先日（二〇二〇年一月九日）にも、招待者名簿の廃棄記録を内閣府が残していなかった件について「文書管理の徹底を指示した」などと言っていたが、アホにも限度がある。腐敗した組織の幹部が指示しても意味がない。第三者が徹底的に検証すべきだ。

近代の悪はどのような形で現れるか。ジョージ・オーウェルの近未来小説『一九八四年』の主人公の仕事は公文書の改竄である。「党」にとって都合が悪い過去の事実を抹消し、新たに歴史を捏造する。そこでは、言葉の破壊活動が継続的に行われる。例えば強制収容所を「歓喜キャンプ」と言い換える。「党」の目的は国民の思考を止めることだ。

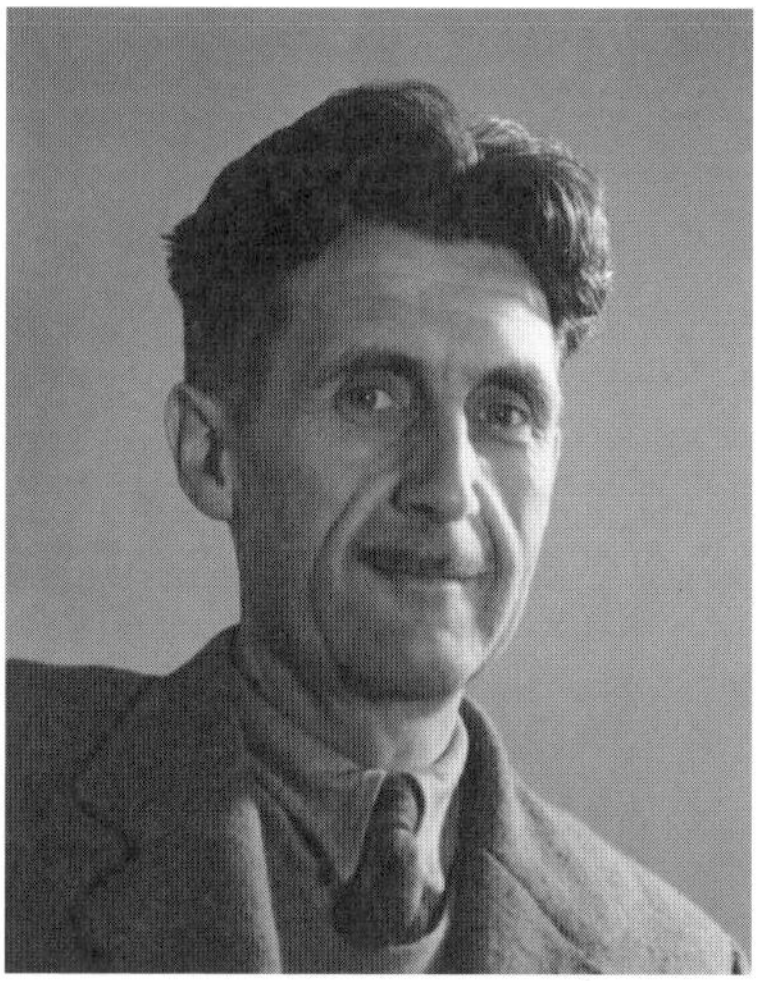

ジョージ・オーウェル（1903〜50）／イギリスの作家、ジャーナリスト。小説『1984年』など。

これは全体主義国家のパロディーだが、こうしたディストピアをそのまま現実化したのが安倍政権だった。安保法制騒動では憲法の解釈をひっくり返し、一連の「安倍晋三事件」では、省庁をまたがる形で公文書改竄、日報隠蔽、データ捏造などが行われ、嘘とデマ、プロパガンダが連日のように社会に垂れ流された。連中が説明を拒絶し、証拠隠滅を図ろうとするのには理由がある。これまでも時間稼ぎをして新しいトピックを打ち出すことで逃げ切ってきたからだ。

だからわれわれは何度も思い出さなければならない。安倍と周辺の一味は税金を使って支援者を接待し、後援会関係者による前夜祭の明細書も隠蔽。「反社」の定義も勝手に変更した。嘘と現実の矛盾が生まれ、整合性が取れなくなれば、現実のほうを歪めていく。今回の改竄も、「推薦者名簿は廃棄済み」という国会答弁との整合性を図るためだった。安倍政権は日本の敵であるだけではなく、人類の敵、文明の敵である。

常識人のフィルターを被選挙権の制限が必要

「ハインリッヒの法則」は、事故の発生についての経験則である。一件の重大事故の背後には重大事故に至らなかった二九件の軽微な事故が隠れており、さらにその背後には事故寸前だった三〇〇件の異常（ヒヤリとした経験）が存在するというもの。小さなことでも日頃から注意を怠らないようにしないと大事故につながる。

今の日本の政治がおかしくなった理由は、世界史的に見れば近代大衆社会の末期症状ということになるし、短いスパンで見れば平成の三〇年間にわたる制度破壊（国家破壊）の当然の帰結といえる。どこにでもいるようなボンクラが総理大臣になってしまった理由も同じだ。人間の理性は万能ではない。誰でも判断を誤る可能性があるので、あらかじめ法や制度により制限をかける。これを破壊すれば人間の負の側面が暴走するのは当然だ。

よって日本を立て直すためには選挙制度や司法制度を元の形に修復するのと同時に、被選挙権の制限を強化したほうがいい。

「制限選挙などとんでもない」と脊髄反射的に声を上げる人もいるかもしれないが、これは暴論ではない。現状でも被選挙権には年齢や国籍などさまざまな制限がある。公職選挙法や政治資金規正法の規定により立候補できない人間もいる。むしろどんなバカでも議員になってしまう現状を放置するほうが危険なのだ。

議会で議論する能力を持つ人間を選ぶのが選挙である。その資質として重要なのはまずは常識人であることだ。

嘘をつかない。反社やカルトとは付き合わない。箸の持ち方や挨拶など基本的なマナーを身に付けている。あとは義務教育終了程度の学力があればいい。こうした最低限の条件を事前にチェックする仕組みをつくらないと国は加速度的に腐っていく。

立法府と行政府の違いや「法の支配」を理解していない人間に政治家をやらせるのはさすがにまずい。安倍は簡単な漢字も読めないし、日本語が苦手。「桜を見る会」に関する観光ツアーへの参加を募る文書が地元有権者に送られていた件については、「幅広く募っているという認識だった。募集しているという認識ではなかった」と発言（二〇二〇年一月二八日）。「募ると募集するは同じ」とツッコまれていたが、バカは国会から追放したほうがいい。

三島由紀夫が否定した「安倍的」なもの

《「守る」とはつねに剣の論理である》（『文化防衛論』）と作家の三島由紀夫は言った。では、「剣」により何を守るのか？

三島は言論の自由と代議制だという。

《言論の自由を保障する政体として、現在、われわれは複数政党制による議会主義的民主主義より以上のものを持っていない。この「妥協」を旨とする純技術的政治制度は、理想主義と指導者を欠く欠点を有するが、言論の自由を守るには最適であり、これのみが、言論統制・秘密警察・強制収容所を必然的に随伴する全体主義に対抗しうるからである》（「反革命宣言」）

三島は敵を、右と左の両翼から発生する全体主義と正確に見定めた。その兆候は言葉の破壊として表れる。だから三島は「日本語を守れ」と言ったのだ。

戦後最大の言葉のごまかしは軍隊に関することだろう。自衛隊は誰がどう見ても軍隊である。よって違憲である。憲法九条を読めば誤読しようがない。しかし歴代政権はデタラメな解釈を積み重ね、白を黒と言い張り、現実から目を背けてきた。三島が命をかけて戦ったのはこうした言葉に対する不誠実な態度である。

戦後の腐敗の成れの果て、簡単な日本語を使うのもおぼつかない安倍という「幼児」がやってきたことは、ひと言で言えば日本語の破壊だ。低劣な言葉遊びで集団的自衛権を行使できるようになる安全保障関連法を押し通し、公文書改竄やデータ捏造といった一連の「安倍晋三事件」で物理的にも「言葉」に攻撃を仕掛けてきた。

すでに述べたように、安倍は九条の一項（戦争の放棄）、二項（戦力の不保持と交戦権の否認）をそのままにして自衛隊の存在を明記するという。アホにも限度があるが、これでは憲法は確実に空洞化する。

過去の悪霊が現在暴走を続けている。三島は自衛隊がアメリカの戦争に巻き込まれることを危惧した。

《憲法改正のはてには再軍備強化によるアメリカ化が、あるいは左翼の言葉でいえば、アメリカ的独占資本主義化が、ますます進むおそれもあり》（「七〇年代新春の呼びかけ」）、《あと二年の内に自主権を回復せねば、左派のいふ如く、自衛隊は永遠にアメリカの傭兵として終わるであらう》（「檄」）

安倍に改憲させるのは、日本の歴史に対する犯罪であることを指摘しておく。

新型コロナ騒動を口実に泥船から逃げ出す連中

「だからあれほど言ったのに」という感想しか出てこない。

私は昔から安倍とその周辺は反日売国カルトだから、放置しておくと国が壊れると指摘してきたが、実際にそうなった。

特に新型コロナウイルスをめぐる政府のデタラメな対応は、そのツケを払うときが巡ってきたことを示している。残念ながら自業自得と言うしかない。安倍政権の八年間は、国と社会に対するテロだった。

安倍にだまされてきたバカもたいがいだが、メディアの役割を放棄し、安倍礼賛報道を続けてきた産経新聞界隈の反日メディアは万死に値する。安倍ヨイショライターの百田尚樹は《皆さん、政府は無能です。国民の命を守るんだ!という意志も能力もないことが明らかになりました》《もし、私が想像する最悪の事態になれば、後年、「鳩山由紀夫・菅直人以上に無能な首相」の烙印を押されるかもしれない…》などとツイート。「何をいまさら」である。

その「無能」に媚びへつらい、礼賛してきたのはどこのどいつなのか？

手のひらを返した連中は安倍の壊国に加担した罪を悔いているわけではない。単に算盤をはじいて、コロナウイルス騒動を口実に泥船から逃げ出そうとしているだけだ。仮にこの先、安倍が逮捕されるようなことがあっても、連中は知らぬ顔を決め込むのだろう。

私が好きなエピソードがある。三島由紀夫の友人の素人作曲家が、戦時中「大東亜行進曲」という曲を作り、北支、中支総司令官に贈り感謝状をもらった。そして戦後は、題名だけを「民主主義行進曲」に変え、GHQへ贈り感謝状をもらったという。

三島は言う。

《私はどうも戦後の文化の状況を考えてみて日本人が一方に偏してしまい文化の中心のバランスを崩してしまったように思う。はやい話が戦争中、軍部に協力し鼓吹した人間が戦後たちまちオピニオンリーダーになって、こんどは平和主義、反戦主義、あるいは革命を唱え、あるいは日本の国家観念の破壊をくわだててきたという道すじをみると、私は筆をとる人間として恥ずかしくてしかたがない》（「私の自主防衛論」）

今、われわれがやるべきことは何か。恥知らずな連中の名前と顔をしっかりと記憶しておくことである。

第3章

今こそ保守思想を読み返す

保守の気質を賢者から学べ

ネトウヨとトピック右翼

価値判断ができない人たちがいる。彼らが間違うのは判断の基準が「今」しかないからだ。私は以前から二〇年、二〇〇年、二〇〇〇年という話をよくしていた。平成ということでは二〇年ではなくて三〇年になるが、平成に入ってから構造改革の嵐が吹き荒れ、自民党も変質し、日本が急激におかしくなった。

これを近代大衆社会の末期症状と捉えると、二〇〇年前の啓蒙思想の問題が浮上する。その土壌を考えると、二〇〇〇年前のキリスト教の誕生になる。もっとさかのぼれば、プラトンの問題に行き着く。つまり、今、目の前で発生している状況を考えるときでも、少なくとも二〇〇〇年の歴史は押さえなければならない。

一方、判断の基準のスパンが極限まで短くなると、脊髄反射になる。昆虫がピッと液体を出すようなもので、ネット上には特定のトピックに反応し、メディアから与えられたテンプレートに乗っかって、劣化した言論をまき散らす連中がたくさんいる。いわゆる「ネトウヨ」は右翼ではない。彼らは右翼の文献を読んでいるわけでもない。単に「ネット上にウヨウヨいる社会的弱者を叩くことで充足しているバカ」の略である。

私は以前「トピック右翼」という言葉をつくったことがある。「従軍」慰安婦とか南京大虐殺とか個別のトピックについては延々と語るけど、全体の歴史観が歪んでいる人たち。彼らは徒党を組み、「正しい歴史」「真実の歴史」を叫ぶ。

『世界史』カナダ出身の歴史学者ウィリアム・H・マクニール（1917〜2016）著。

しかし、都合の良い事実を選択し配列すれば「歴史」などいくらでも創作することができる。そもそも、歴史とは特定の立場から集積した事実の連関であり、解釈するのは現代人である。だから「誰が書いた歴史なのか」が重要になる。「正しい歴史認識」などとことさらに謳うような歴史書は避け、定番中の定番を読んだほうがいい。

「正しい歴史認識」といった発想の背景には、歴史には「答え」があるという唯物史観がある。それが「自称保守」によって書かれたものであろうと同じことだ。ウィリアム・H・マクニールの『世界史』は、文庫で上下巻にコンパクトにまとまっているのでここに挙げた。まずは通史を押さえるべきだ。

安倍政権が支持された理由

自称保守がアメリカ隷従路線を突き進む安倍晋三政権を礼賛するという倒錯はどのようなプロセスにおいて発生するのか？

第1章でも述べたが、私はフロムの『自由からの逃走』が参考になると思う。

近代は判断の責任を引き受ける「個人」と同時に「大衆」を生み出した。大衆とは共同体から切断され、不安に支配された人々だ。彼らは自由の責任に耐えることができない。

安倍政権が続いている理由は、多くの国民が自主独立などとんでもないと考え、奴隷の幸福を望んでいるからだ。

しかし、プライドだけはあるので、自己欺瞞を始める。

「地位協定があろうが米軍駐留は必要だ」「理想はともかく現実的にはアメリカに従うのが安定への道だ」「われわれは戦略的にアメリカを利用しているんだ」……。

ナチが何であるかを知らないまま、ただ力があるという理由だけで大衆は支持したのだった。

安倍には悪意すらない。生活に困った経験もないので、金銭欲が強いわけでもない。「私は立法府の長」という発言を繰り返したことからもわかるように、自分の仕事の内容も理解していない。政治や憲法、歴史に関する知識もほとんどない。原爆投下後にポツダム宣言が叩き付けられたとの発言もあったが、居酒屋で小耳にはさんだ程度の話を繰り返しているだけだ。ではなぜこんな人間に支持が集まったのか？　内容がゼロだからだ。

ハンナ・アーレントはナチスのユダヤ人大量虐殺の責任者アドルフ・アイヒマンの裁判を傍聴し、『エルサレムのアイヒマン』にまとめた。その副題は「悪の陳腐さについての報告」だった。

『自由からの逃走』エーリヒ・フロム（1900～80）著。ファシズムを分析。

『エルサレムのアイヒマン』ハンナ・アーレント(1906〜75)著。

そこではアイヒマンは極悪人ではなく小心者の平凡な役人として描かれている。ナチスは狂気の集団としてではなく、民主的な手続きを経て登場したのであり、アーレントは近代大衆社会の延長線上に「究極の悪」が現れることを指摘したのだった。

アーレントは『全体主義の起原』で《民主主義と独裁の親近性は明確に示されていた》と指摘した上で、次のように述べる。

《(近代大衆社会が行き着いた先は) 徹底した自己喪失という全く意外なこの現象であり、自分自身の死や他人の個人的破滅にたいして大衆が示したこのシニカルな、あるいは退屈しきった無関心さであり、そしてさらに、抽象的観念にたいする彼らの意外な嗜好であり、何よりも軽蔑する常識と日常性から逃れるためだけに自分の人生を馬鹿げた概念の教える型にはめようとまでする、彼らのこの情熱的な傾倒であった》

どこかに巨悪が存在するのではない。ごく普通の人々がジェノサイドに加担するという状況が発生したのが二〇世紀である。

トクヴィルが指摘した「民主的な専制」

ごくたまに時代の流れが見えてしまう天才が出現する。ゲーテ、ニーチェ、そしてアレクシ・ド・トクヴィルもそうだ。トクヴィルは『アメリカのデモクラシー』で、民主主義に内在する「悪」についてもっとも早い段階で正確に指摘した。「民主的な専制」、すなわち全体主義の到来と悪の変質である。

《民主的諸国民が今日その脅威にさらされている圧政の種類は、これに先行して世界に存在したなにものとも似ていない》

専制と独裁は異なるものだ。専制は前近代において身分的支配層が行うものであり、独裁は近代において国民の支持を受けた組織が行うものである。全体主義は大衆の支持がなければ成立しない。

トクヴィルは、《専制はいつの時代にも危険だが、民主的な世紀には格別恐るべきものである》と言った。近代革命により階

『アメリカのデモクラシー』アレクシ・ド・トクヴィル（1805〜59）著。アメリカを分析。

層社会やギルド、村落共同体が崩壊した結果、社会的紐帯は消滅し、孤立した個人は《群衆の中に姿を没し、人民全体の壮大な像のほか、何も見えなくなる》。

これこそ、「徹底した自己喪失」という現象である。彼らは、信仰心を失い、権威を認めず、自分の殻の中に閉じこもる。そこでは、《数え切れないほど多くの似通って平等な人々が矮小で俗っぽい快楽を胸いっぱいに想い描き、これを得ようと休みなく動きまわる》。彼らは同胞の運命に無関心で、自分の子どもと特別の友人だけを人類のすべてと考えている。そして無制限に拡大した欲望は永遠に満たされなくなった。

トクヴィルが描いたディストピアは、まさに今の日本である。

見ることを学ぶ

私は、最も根源的な保守思想家はニーチェだと思っている。保守主義とは人間理性に対する警戒を怠らない態度のことだ。そして、理性、形而上学、合理主義を根幹の部分で批判したのはニーチェである。

しかし世の中の人間の多くはニーチェをそのように理解していない。下手をすると、無神論者、道徳の破壊者、相対主義者と誤認している。これはわが国に保守思想が根付かなかった理由と軌を一にしている。

ニーチェは、同一ではないものを同一とみなすことにより概念は成立すると言う。例えばセロリの葉と桜の葉は同一ではないが、個別の差を無視したり、忘れたりすることで「葉」という概念は成立する。すると概念は暴走を始める。まるで自然の中に「葉」の原型が存在するかのようなイメージを呼び起こし、その概念をもとにして現実世界の「葉」はスケッチされ、測定される。

そしてわれわれは概念の世界の住人になる。

だから、あらためて目の前にあるものを見なければならない。

《見ることを学ぶとは──眼に、落ち着きの、忍耐の、対象をしてわが身に近づかしめることの習慣をつけることであり、判断を保留し、個々の場合をあらゆる側面から検討して包括することを学ぶことである》（『偶像の黄昏』）

概念を操作することで権力を握った連中がいる。キリスト教会は「神」という概念を自然や大地、民族、固有の歴史から切断し、都合よくねじ曲げ、「神の下の平等」という呪文により、人類を個に分断し、弱体化させ、家畜化した。これが近代理念に化けた。ニーチェの哲学は、時代の病の告発である。

生は〝有機体の論理〟でしかつかめない

オークショットの文章を理解すれば、今の日本で「保守」を名乗っている連中の大半は紛い物であることがわかるだろう。少なくとも、「安倍政権を支持する保守」というのは語義矛盾以外の何ものでもない。

オークショットは『政治における合理主義』で、端的に、政治とは己の夢をかなえる手段ではないと言う。保守思想の理解によれば、《統治者の職務とは、単に、規則を維持するだけのことなのである》。世の中には多種多様な人がいる。夢も価値観も理想も違う。だからそれらの「夢」が暴走し、国や社会を壊さないように管理しなくてはならない。

一方、人民政府では統治者の個人的な夢や理想が国民に押し付けられる。安倍は、著書『新しい国へ』で、《わたしが政治家を志したのは、ほかでもない、わたしがこうありたいと願う国をつくるためにこの道を選んだのだ》と述べている。吉田松陰が引用した『孟子』の《自らかえりみてなおくんば、千万人といえどもわれゆかん》がお気に入りの安倍は、自分が信じた道が間違っていないという確信を得たら断固として突き進むのだと繰り返している。「この道しかない」といった安倍政権のスローガンはここから来ているのだろうが、これは保守思想の対極にある発想だ。保守とは「確信」を警戒する態度のことである。

「正しいこと」が伝わらなければテロリズムに走るというのが松陰なら、たとえ「正しいこと」でも早急に物事を進めないのが保守である。なぜなら、保守は自分の理性さえ「確信」していないからだ。

保守とは理性を警戒し、常識を擁護する立場のことである。

小林秀雄は「アキレスと亀」のパラドクスについて述べている。足の速いアキレスは、歩みの遅い亀を走って追い越すことができない。なぜなら、アキレスが亀のいる地点に追いついたときには、亀は少し前進しているからである。さらに亀が進んだ地点にアキレスが進むと、亀もまた先に進んでいる。だから、アキレスは永遠に亀に追いつくことができない。

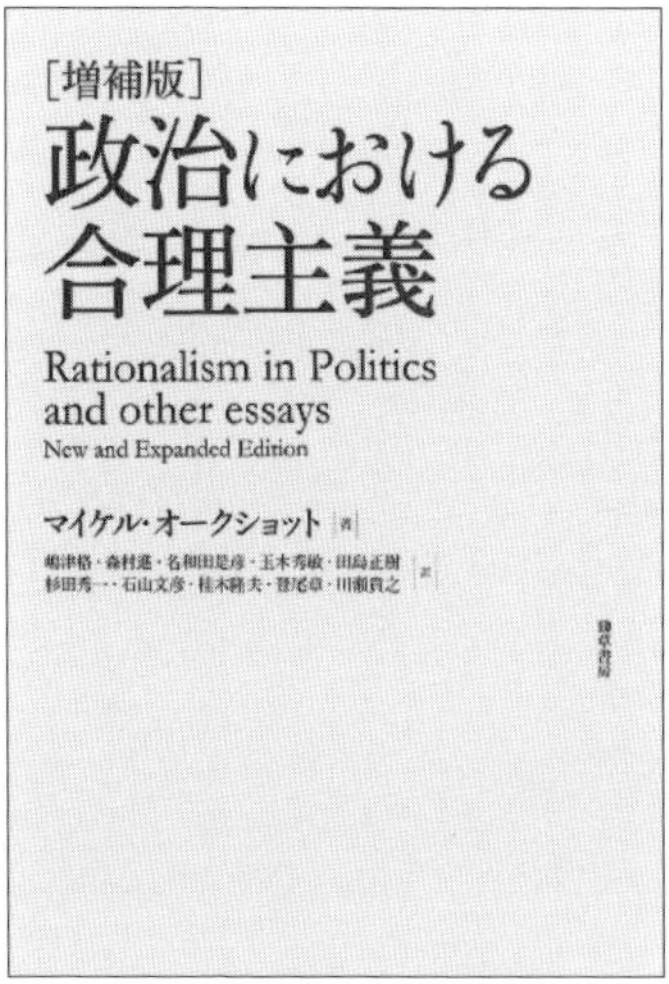

『政治における合理主義』マイケル・オークショット（1901～90）著。保守論の名著。

論理的に言えばそうなるが、われわれの常識的な判断とは異なる。小林は《普通考えられているより、遥かに困難な問題を孕《はら》んでいる》と言う（「感想」）。「動いているもの」を「静止しているもの」、要するに概念として捉えると間違える。

そもそも運動は分割できるものではない。分割して静止した点と捉えたところで、点を集めても運動にはならない。時間は持続しているものであり、静止した点の連続ではない。要するに概念では、運動は捉えられないということだ。

《不動を寄せ集めれば、運動が出来上がるという考え方が、私達のいかに強い習慣的な物の考え方になっているかを思えばよい。（中略）先ず不動は現実であり得ると、決めて了えば、運動を摑んだと思った諸君の手から、運動はこぼれ去るであろう》

概念やイデオロギーで世界を捉えると間違う。生は「有機体の論理」でしかつかむことができない。政治も同じだ。

ゲーテは、生物は諸要素に分解できるが、諸要素から再び合成して生き返らせることはできないと言った。生命とは諸要素の連関である。一度、数値化したものを、再度積み上げても元には戻らない。

自然科学者でもあるゲーテは表層的な概念の操作だけで政治を動かすことを批判した。

《憂鬱な気分のとき、現代のみじめさをしみじみ考えてみると、まるで次第に世界が最後の審判の日に近づいているみたいな気になってくることがよくあるな》（エッカーマン『ゲーテとの対話』）

《つまりわれわれは、先祖の犯した罪を悩むだけでは足りずに、その受け継いだ欠陥を自分

たちの手でさらに大きくしてしまって、子孫へ引き渡すからね》

キルケゴールの警告

イデオロギーは思考を止める。セーレン・キルケゴールは言う。

《原理というやつも、途方もない怪物みたいなもので、ごくつまらない人間でさえ、ごくつまらない自分の行動にそいつを継ぎ足して、それで自分が無限に偉くなったつもりでいばっていられるといったようなものである。平々凡々たる、取るに足りない人間が「原理のために」いきなり英雄になる》（『現代の批判』）

『ゲーテとの会話』エッカーマン（1792～1854）著。ゲーテが残した言葉をまとめた。

キルケゴールは「参加者」が「傍観者」に堕落するのが現代の特徴であるとし、妬みの原理により社会が「水平化」していく危険性を指摘した。

《ほんとうの讃嘆というものは、讃嘆者が自分もこの偉人と同じ人間なのだという考えによって高揚され、自分にはあのような偉大なことはやれないのだという観念によって謙虚にされ、この偉人を模範としてできるだけそのお手本にならおうと道徳的に鼓舞されるといったような関係にある（後略）》

しかし、過去は軽視され、誰もが時代の主人公になるようになった。

水平化された社会においては、価値判断の道具として多数決が導入されるとキルケゴールは言う。しかし、多数が正しいという保証はどこにもない。

われわれは依然、近代啓蒙思想が生み出した「宗教的迷妄」の時代に住んでいるのである。

孤独の哲学者ニーチェ

私は孤独を必要としている

ニーチェの人生には、常に孤独がつきまとっていました。ニーチェは二六歳の若さでバーゼル大学の古典文献学教授に就任するほどの天才でした。しかし、一八七二年に処女作『悲劇の誕生』を刊行するも、学会から完全に無視されてしまいます。ニーチェは「現代との関係を抜きに歴史は語れない」とし、ワーグナーやショーペンハウエルを取り上げながら古代ギリシャ悲劇について論じました。それが「実証性に欠ける」と批判されたのです。

その後、病気により三五歳で大学教授の職を辞任したニーチェは、スイスやイタリア、南フランスなどヨーロッパを転々としながら、在野で研究を続けました。そして、一八八三年から一八八五年にかけて主著『ツァラトゥストラ』を刊行します。この本は、彼が長年にわたって追求してきた「超人」という概念を、架空の人物ツァラトゥストラの思索に仮託する形で展開した、後期ニーチェ思想の最重要作品です。

主人公であるツァラトゥストラは一〇年ものあいだ一人で山にこもって、思索を続けました。その姿は、ニーチェの境遇とも重なります。孤独が『ツァラトゥストラ』のインスピレーションを与え、それを孤独の中でまとめ上げたと、ニーチェは言います。

《それでも私は孤独を必要としているのだ。ということはすなわち、快癒を、自己への復帰を、自由で軽やかな戯れる空気の呼吸を必要としているということなのだ。……私の『ツァラトゥストラ』全篇は、孤独に捧げられた熱狂的な讃歌である》（『この人を見よ』）

ツァラトゥストラは世の中の人々の愚かさに呆れ果て、三〇歳のときに故郷を捨て、山にこもります。そして一〇年ほどたったある日、いつものように日が昇るのを見て、太陽は一方的にわれわれを照らすが、もし照らす対象がなければ、太陽も退屈だろうと考えます。それと同じように、自分もまた蜜を集め過ぎたミツバチのように、自分の知恵に飽きてしまった。そろそろ自分の知恵を下界の人々に伝える時期が来たのではないかと思うようになる。

こうして、ツァラトゥストラは、山を下りて人々に語りかけることにしたのです。

広場を訪れたツァラトゥストラは、綱渡り師の曲芸を見物している群衆に向かって自らの思想を説きました。

《人間は、動物と超人とのあいだにかけ渡された一本の綱である、一つの深淵の上にかかる一本の綱である。

一個の危険な渡り行き、一個の危険な途上、一個の危険な回顧、一個の危険な戦慄と停止、である。

（中略）

私は愛する、認識するために生き、そして、いつの日か超人が生きることのために、認識しようと欲する者を。そのようにして彼は自分の没落を欲するのだ》（『ツァラトゥストラ』）

「超人」とは強大な権力者のことではありません。肉体的強者でも聖人でも天才でも英雄でもない。「あらゆる価値に頼らない者」「究極的なニヒリズムに耐える者」「自らの生存を実験とする者」「強者の自覚を持つ者」「同情、ルサンチマン、復讐の精神から解放されている者」「自分の価値基準を作る者」「人間を克服する者」を指します。そしてニーチェは綱渡り師を、「人間（動物と超人のあいだにかけ渡された一本の綱）の上を歩いて、超人へと向かおうとする者」として描きました。

しかし綱渡り師は地上へ転落し、死んでしまいます。群衆はみな一緒になって綱渡り師のことを笑う。超人への飛躍に挑んだ綱渡り師をあざ笑う人々のことを、ニーチェは「畜群」と呼びました。

オルテガ・イ・ガセット（1883〜1955）／スペインの哲学者。主著に『大衆の反逆』。

畜群とは「孤独というものを知らず、己の孤独を持つこともない、遅鈍な人々」のことです。自分の言葉に耳を貸そうとしない群衆に絶望したツァラトゥストラは、再び山へ戻っていきました。

このニーチェの「畜群」は、オルテガが定義した「大衆」という概念に近いでしょう。オルテガの言う大衆とは、「伝統的な価値観から切り離され、周囲の人々の価値観に盲従してフラフラと漂う、根無し草のような近代人」のことを指します。

第1章でも述べたように、オルテガは大衆は自分で自分の首を絞める選択をすると言います。

飢饉が原因の暴動では、一般大衆はパンを求めるのが普通だが、そのためにパン屋を破壊する。

これはまさに今の日本で発生している現象です。文明の破壊者を長年にわたり担ぎ上げてきたわけですから。安倍政権が農協をはじめとする中間組織を攻撃するのも、それが健全な社会を成り立たせているからです。中間組織を排除すれば、国家と個人が直接結ばれることになる。これがあらゆる保守思想家が、警告を発してきた全体主義の仕組みです。

政治の本来の仕事は、社会を安定させ、国家の機能を維持することです。あらゆる立場を考慮し、利害調整、合意形成を図る。議会に必要なものは熟議です。

しかし、国民的熱狂を背景とした「改革」の大合唱により、政治制度は破壊され、ポピュリズムが蔓延るようになった。こうして議論により相手を説得するよりも、愚民の票をあて込んだマーケティング選挙が横行するようになる。

己の孤独を持たず、周囲の価値観に振り回される畜群は、思考を放棄し、単純明快でわかりやすい答えに飛びついてしまう。私たちは、孤独に耐えられない個人が全体主義に回収されていく危険性に、もっと敏感になる必要があります。

ニーチェはなぜキリスト教を批判したのか

ニーチェの思想の根幹には、キリスト教批判と、キリスト教から派生した近代啓蒙思想への批判があります。ニーチェの「神は死んだ」という言葉は誤解されがちですが、彼は神を否定したのではなくて、神の姿を歪め、神の代弁者を自称することにより圧倒的な権力を握ったキリスト教会を批判したのです。

教会は人間の「生」を歪めました。生きているものは健康であることを望みます。しかし、キリスト教会は「すべての弱い者、低俗な者、卑しい者」に味方し、平等を説きます。そして、これは近代社会の理念に受け継がれました。

民主主義もそうです。民主主義は一人一人が完全に平等という発想で成り立っています。社会に貢献する人も害を与える人も同じ扱いです。これは絶対的存在である唯一神を想定しないと出てこない発想です。

《すなわち民主主義的運動は、キリスト教の運動の継承にほかならないのだ》(『善悪の彼岸』)

キリスト教批判は、ニーチェが始めたことではなく、ヨーロッパでは連綿として続いていきます。古典文献学者であるニーチェは、歴史をたどることで、「神」や「道徳」の概念の変容を分析したわけです。

「超人」への道

ニーチェは「神の権威」や「超越的な価値」に従って生きる人間を軽蔑しました。そして健康で力強い「超人」こそが最上の人間であると規定したのです。

世俗から距離を置き、世間から罵倒されようが自分の命令に従って行動し、孤独の中で己を磨き続けることのできる強さを持つ。それが「超人」への道です。だから「畜群の逆を行けばいい」のだと思います。

もちろん、誰もが超人になれるわけではありません。

大半の人間は新聞を読み、テレビに踊らされ、周囲の声に流されます。

それでも、「今の時代はどこかおかしいのではないか」と感じるなら、ニーチェのように群れず、周囲の言葉に流されず、己の信念に忠実であり続けるべきでしょう。

人並みの生き方をしていれば安心だとか、情報に目を配り人脈を張り巡らせれば幸福になれるというのは妄想です。

ニーチェは孤独であることの苦痛を知っていましたが、「人は孤独であるからこそ、思索を深めることができる」ということも同時に理解していました。ツァラトゥストラが語る言葉からも、ニーチェの孤独と、自ら進んで試練に身をさらすことによって思索を深めようとする姿勢が見て取れます。

《すべての偉大なことは、市場と名声から離れたところで起こる。昔から、新しい諸価値の創案者たちは、市場と名声から離れたところに住んだのだ。

のがれよ、わが友よ、きみの孤独のなかへ。わたしは、きみが毒バエどもによってさんざんに刺されているのを見るのだ。かしこへのがれよ、荒々しい強い風の吹くところへ！
きみの孤独のなかへのがれよ！　きみは、卑小な憐れむべき者たちの、あまりにも近くに生きた。彼らの、目に見えない復讐から、のがれよ！　きみに対して、彼らは復讐にことかたまっている》

ニーチェが一人で思索を深めることができたのは、時間によって磨き抜かれてきた古典を読みあさったからでしょう。近代の構造について考えるときに、ニーチェはキリスト教、さらにさかのぼりプラトンが発明した詐欺の手口について考えた。

私たちが現代について考えるときも、過去の言葉に耳を傾けることが大切です。

古典には、現代の文章以上の現代性が備わっている。古典は汲みつくすことのできない井戸のようなものです。現代を照らすあらゆる視点がそこに含まれている。だからこそ、いつの時代においても、古典は参照され、引き継がれてきたのです。

同時代の文化と距離を置くのは、孤独なものです。しかし、孤独に耐え、人類の歴史に向き合う努力をせずに、世論や同調圧力に振り回されて右往左往している限り、一生を闇の中で暮らすことになります。

国家の衰退は言葉の乱れにあらわれる

二〇一八年七月八日、公益社団法人比企青年会議所により開催された講演(国立女性教育会館)を収録したものです。肩書は当時のものです。

こんにちは。適菜収です。

今日はよろしくお願いします。

私は埼玉に何度も来ているのですが、比企郡《ひきぐん》のあたりは初めてです。自然が豊かなすばらしい場所のようなので、これから注目したいと思っております。

運営の方から聞いた話によると、比企郡は、一市、七町、一村で構成されており、そのうち、東松山市と滑川町《なめがわまち》を除くすべてが消滅可能性都市として認定されているとのこと。

今日は、「国家の衰退は言葉の乱れにあらわれる」というタイトルでお話をさせていただこうと思っておりますが、地方都市の衰退も、国家の衰退の一つのあらわれでもあります。だから、われわれの社会は、今、どのような状況になっているのかということを考えていきたいと思っております。

途中少し話が脱線するかもしれませんし、あるいは、反発を買うようなことを言ってしまうかもしれませんが、それは私をこの講演に呼んだ運営側の外丸さんの責任でもあるわけで――いや冗談ですが――なにとぞ、ご容赦いただけたらと思っております。

私はこれまで四〇冊くらい本を出しているのですが、私の本を読んだことがある、あるいは最近私がどのような発言をしているか、なんとなくでもいいので、ご存じの方は、手を挙げてもらえますか？

ありがとうございます。

どうしてこんな質問をしたかというと、私は青年会議所って、自民党の組織だと思っていたんですね。私は、安倍政権、自民党をかなり批判してきたので、なんで青年会議所の講演に呼ばれたのかなと、首を傾げていたんです。

でも、ここの運営の方に聞いたら、自民党とも言い切れないと。

だから、最初は今日の講演は完全にアウェーの試合かなと思っていたのですが、少し安心しました。

それで今日、私の話を聞くのが初めてという人には言っておいたほうがいいと思うのですが、政権を批判しているからといって、別に左翼というわけではありません。逆に、「保守」の立場から、政権、あるいは今の政治状況を批判してきました。

そもそも、私が雑誌に文章を書き始めたのは、産経新聞が出している「正論」という雑誌が最初で、そのあとは本当にあちこちで書いています。

「月刊日本」などの右翼系、「WiLL」みたいな自称保守系、「週刊文春」、「週刊新潮」、「新潮45」、朝日新聞、読売新聞、産経新聞、赤旗、「AERA」「週刊金曜日」まで。「WiLL」と赤旗の両方に記事を書いている物書きって、たぶん私くらいですよ。でも、言っていることは同じで「嘘をつくな」「言葉をごまかすな」ということです。

以前、産経新聞の一面に「賢者に学ぶ」というタイトルのコラムを書いていました。月一

エドマンド・バーク（1729〜97）／イギリスの政治思想家。「保守主義の父」として知られる。

で二年半くらいやっていました。

例えば三島由紀夫とか、エドマンド・バークといった保守思想家を取り上げて紹介しながら、今の世相を語っていくといったコラムでした。それで、保守の本質をきちんと捉えて、正確に語れば語るほど、今の日本で「保守」と思われている安倍政権や産経新聞に対する批判になってしまう。

要するに、産経新聞の1面で、私は二年半にわたり、産経新聞はダメだというコラムをずっと書いていたわけです。幸いなことに、産経新聞の担当の方が、非常に感度が鈍い方で、私が「産経新聞的なもの」を批判していることに気づかなくて、結果的に二年半も連載が続いてしまったということだと思います。

わが国の混乱の原因

でも全国紙の1面で連載をすると、それなりに反響があるようで、講演の依頼がたくさん来た。呼ぶ側も、立派な先生がやって来ると勘違いしたのでしょう。それで私が行って、与太を飛ばすと、そのうち「アレ?」「なんか変だな……」みたいな感じになる。

これまで、日本倶楽部、日本電気倶楽部、関西経済連合会、交詢社倶楽部とか、要するに日本の支配層が集まるようなところで講演をしてきました。

関西電力元会長の森詳介さんとか、死んじゃいましたけど日本郵政にいた西室泰三とか、産経新聞元会長の清原武彦とか、どこかの大学の学長や官僚が集まっているところで、今の政界や財界、学会がおかしいと批判するのだから、反発も浴びるし、非常に面倒なことになる。

銀座の交詢社倶楽部で講演したとき、安倍政権の批判をしたのですが、最後の締めの挨拶で、福沢諭吉のひ孫が、「適菜さんの講演はとても面白かった。でも安倍さんを批判した部分は、解せないところがある」と。

呼んでおいて、そういうこと言うかよ。まあ、福沢諭吉に免じて許すけど。とにかく、いろいろなところで発言をしたり、文章を書いたりしているうちに、今の日本の問題が見えてきた。

それは、言葉の乱れが、わが国の混乱を生み出しているということです。

今日、お話ししようと思っているのは、国家の衰退と言葉の乱れは関係があるということです。政治に関する言葉でも、一つの言葉がさまざまな意味で使われていたりします。

しかし、言葉はきちんと定義して使わないと、議論は混乱します。

例えば、「民主主義」という言葉と「代議制（間接民主主義）」という言葉が同じ意味で使われている。

あるいは保守と右翼の区別がついていない人も多い。右翼は理想主義であり、保守は反理想主義です。要するに水と油。それどころか、今の日本では、保守というのが、単なる体制派、政権支持者、親米といった程度に使われている。

小説家の三島由紀夫はこう言いました。

《記者クラブのバルコニーから、さまざまな政治的スローガンをかかげたプラカードを見まわしながら、私は、日本語の極度の混乱を目のあたりに見る思いがした。歴史的概念はゆがめられ、変形され、一つの言葉が正反対の意味を含んでいる。

（中略）

民主主義という言葉は、いまや代議制議会制度そのものから共産主義革命までのすべてを包含している。平和とは時には革命のことであり、自由とは時には反動政治のことである。長崎カステーラの本舗がいくつもあるようなもので、これでは民衆の頭は混乱する。政治が今日ほど日本語の混乱を有効に利用したことはない。私はものを書く人間の現代喫緊の任務は、言葉をそれぞれ本来の古典的歴史的概念へ連れ戻すことだと痛感せずにいられなかった》（「一つの政治的意見」）

まさに今回のお話の趣旨と重なる発言です。

われわれは言葉を本来の意味に連れ戻さなければならない。

人間理性に懐疑的であるのが保守

今日は何人かの先人の言葉を振り返りたいと思っているのですが、最初に小説家の三島由紀夫を取り上げたいと思います。

それは三島が「日本語の乱れ」について考え続けた人だからです。

先ほども言いましたが、今の日本では保守という言葉が正反対の意味で使われることが多くなりました。かつては少数ながらも日本にいた保守はほぼ消滅し、今では、保守でもなんでもない人たちが保守を自称しています。

特に平成の三〇年間にわたり、わが国で急進的な改革を唱えてきたのは、「保守」を名乗る連中でした。急進的な構造改革、政治制度改革も、自民党内部から出てきたものです。

石原慎太郎（1932〜）／政治家、作家。『天才』などベストセラーを量産した。

ここでクイズです。

例えば、こういう言葉で、皇室や天皇陛下を侮辱してきた人がいます。

「皇室は無責任極まるものだし、日本になんの役にも立たなかった」

「天皇制はまったく無意味だ」

「ぼくは天皇を最後に守るべきものと思ってないんでね」

「君が代って歌は嫌いなんだ」

「新しい国歌を作ったらいいじゃないか。好きなほう、歌やあいいんだよ」

ひどい言葉で皇室を罵っていますが、これ、誰の発言か、わかりますか？

わかる人います？

石原慎太郎ですよ。

こういうアナーキストを、産経新聞、「正論」「Ｗｉｌｌ」今では「Ｈａｎａｄａ」などという雑誌もありますが、あの手の連中が「保守」として持ち上げてきたわけです。安倍晋三を保守の政治家と誤解する人もいまだに多い。

「もはや国境や国籍にこだわる時代は過ぎ去りました」と言うグローバリストの安倍が自称「保守派」に支持されるという奇妙な現象が発生しているのが現在です。

「国境や国籍にこだわらない」保守がいるわけがない。

実際、安倍政権はＴＰＰの締結を推進、嘘をつきながら移民政策を進め、北方領土の主権問題を棚上げしてしまった。

また、農協をはじめとする中間共同体に攻撃を仕掛け、配偶者控除の廃止も検討していた。かつての自民党、つまり、保守的な要素もあった国民政党としての自民党とはまったく違うものになってきてしまっている。

安倍政権がやってきたことは、保守の対極です。

だからまずきちんと定義することが大切です。

保守とは何か。ひと言で言えば、「人間理性に懐疑的であるのが保守」です。

人間は判断を間違うことがある。

人間は合理的に動かないし、社会は矛盾を抱えている。

それを前提に、慎重に物事を判断しましょうというのが保守の本質です。

保守は伝統を重視します。それも「理性に対する懐疑」ということで説明できる。非合理的に見える伝統や慣習を理性により裁断することを警戒するわけです。保守が宗教を重視するのも理性の暴走を防ぐためです。

中間共同体を重視する理由も同じ。よって、保守は漸進主義になります。つまり、ゆっくりと慎重に改革を進める。改革というより改善です。

一方、左翼は、人間理性を信仰します。

理性的に合理的に考えれば、正解にたどり着くと思っている。

もし、正しい国、正しい歴史というものがあるなら、それを実現させるために「社会運動」をやればいいという話になる。それが革命の原理です。

しかし、保守は、左翼のような「普遍的価値」という発想を否定します。

あらゆる価値は、個別の現実、歴史に付随するものであるからです。

保守にとっては、「自由」でさえ、絶対の価値を持つものではない。

それは個別に戦い取るべきものです。

自由の暴走はアナーキズムに行き着きますし、平等の暴走は全体主義に行き着く。だから、節度のある自由と、節度のある平等を守ろうと本来の保守は考えます。

三島は右翼と誤解されがちですが、右傾化したのは晩年の数年間で、基本的には保守主義者でした。

彼が最終的に守ろうとしたのは日本語でした。

国を守るというと、すぐに軍隊のことを考えます。

しかし、今の政権と財界が進めているように、移民政策を進めて、日本が多民族国家になったとしたら、国土を守るだけでいいのかという問題が出てきます。

三島は一番重要なものは国土ではないという。

《このように地域共同体が崩壊してしまった中で、いったい国とは何かを問われると、仕様がないから国土だといい、その国土を外敵から守るのが防衛だ、と答える。しかし、その国土というのは単なる地面であって、これは日本がたとえ共産政権になったとしても、何んの変りもない》（「栄誉の絆でつなげ菊と刀」）

それでは何を守るのか？

三島は《日本というものの特質で、それを失えば、日本が日本でなくなるというもの》であるという。それは「日本精神」などといった抽象的なものではない。

現実に存在する「言葉」であり、そこに日本の美意識や伝統や知恵がすべて含まれていると。言葉を破壊するのは、国を破壊するのと同じです。

保守は特定の理念を表明しない

ここで保守という言葉について深いところまで考えてみたいと思います。

劇作家の福田恆存を参考に、保守と保守主義の違いについて説明します。

保守主義というと、「主義」と付いているので、一つのイデオロギーのように誤解されがちです。社会主義や自由主義のように、保守主義という一つのイデオロギーが存在するかと。

しかし、保守主義はイデオロギーではありません。

逆にイデオロギーに警戒を示す態度のことです。

福田恆存も、保守は「主義」、つまりイデオロギーになり得ないと指摘しています。

保守は常に物事を疑い、思考停止を戒めます。安易な解決策に飛びつかず、矛盾を矛盾のまま抱え込む。保守の基盤は歴史や現実であり、そこから生まれる「常識」です。

保守とは「保ち守る」ということですから、常識人のことです。

でも、常識が通用しない時代になってしまった。

自由や平等といった近代の理想が暴走し、国や社会を破壊し、逆に自由や平等が抑圧されるようになった。非常識な独裁政治がまかり通るようになった。

具体的にいえば、フランス革命を見て、その「非常識」に驚き、「乱暴なことはやめましょう」と警告したのが保守主義です。

あらためて、「常識」を見つめ直さなければならなくなったわけです。

保守主義は最初に特定の理念や正義を掲げるのではなく、常に革命や革新勢力の後手に回る宿命を負っている。

福田は言います。


《保守派は眼前に改革主義の火の手があがるのを見て始めて自分が保守派であることに気づく。「敵」に攻撃されて始めて自分を敵視する「敵」の存在を確認する。武器の仕入れにかかるのはそれからである。したがつて、保守主義はイデオロギーとして最初から遅れをとつてゐる。改革主義にたいしてつねに後手を引くように運命づけられてゐる。それは本来、消極的、反動的であるべきものであつて、積極的にその先廻りをすべきではない》（「私の保守主義観」）

福田が保守運動を嫌ったのは、福田が保守だったからです。保守とはイデオロギーによって熱くなり、「われわれ保守派は！」と大声を出して市民運動を始めるようなものではない。福田は西欧近代思想を踏まえた上で保守を正確に理解していたので、数々の誤解の上に成り立っているわが国の「自称保守」に我慢ができなかったのでしょう。

《だが、保守派が保守主義をふりかざし、それを大義名分化したとき、それは反動になる。大義名分は改革主義のものだ。もしそれが無ければ、保守派があるいは保守党が危殆に瀕するというのならば、それは彼等が大義名分によつて隠さなければならぬ何かをもちはじめたということではないか》（同前）

火事が起きたら、あらかじめ用意しておいた消火器で火を消しますよね。
あるいはバケツに水を入れて、火を消そうとする。
電話で消防車を呼ぶ。

それが保守です。

だから、普段からの保守点検や避難訓練を重視します。

今の日本の状況を考えると、日本語はボロボロになってしまい、「常識」の破壊が急速に進んでいます。「保守」を名乗るような人々が、社会をリセットし、新しい国をつくるなどと言い出した。安倍も橋下徹も小池百合子も、リセットという言葉を使います。しかし、ファミコンではないのだから、社会は簡単にリセットしてはいけないはずです。

要するに先人が積み上げてきたものに恩義を感じないわけです。

破壊して新しいものをつくる。

これは左翼の発想です。革命で更地にしてしまい、理性により正しい国をつくるという発想です。要するに、政権の中枢や保守を自称するような人々が左翼の発想に侵されている。

アメリカに迎合するのが保守だという倒錯

今の日本では新自由主義者が保守を名乗っていたりします。

これは自由を至上の価値とする考え方です。

本来、保守と自由主義者は考え方が違います。

ではなぜこうなったかというと、冷戦下において、共産主義と戦うために、保守主義者と自由主義者が手を組んだからです。

しかし、冷戦が終わった後も、そこで思考停止したままの人たちがいる。

それで、自由主義こそが「保守の本質だ」などと言い出す人が出てきた。

自由を神格化するのは、本来の保守ではなく、アメリカの特殊な保守観です。

しかし、その特殊な保守観を輸入してきて、信じてしまう。

今の日本の保守論壇で発生している現象はまさにこれですね。

しまいにはアメリカに迎合するのが保守だというところまで来てしまった。

こうした中、世の中がどんどんおかしくなっていく。

きちんと言葉を定義しないから、こういうことになる。


イギリスの作家のジョージ・オーウェルは、全体主義に支配された近未来を描いた小説『一九八四年』を書いています。

全体主義は、恐怖を利用した社会運動、大衆運動として現れます。そこでは密告や内部告発が行われます。こうした監視社会では大衆の正義感が社会を窮屈なものにしていく。

この全体主義を支えるのが「言葉の破壊」であることをオーウェルは描きました。

小説の主人公ウィンストンは、騙されている人間は、アリと同じだと言います。

小さなものは見えるが大きなものは見えない。そして記憶がおぼつかなくなり、言葉が偽造されるとき、《人間の生活条件はよくなってきたという党の主張を受け容れるしかなくなる》。

言葉そのものが破壊されれば、何が本当かもわからなくなります。

政治もそうです。

私は民主党政権も橋下維新も小池新党も安倍政権も批判してきましたが、自分が信仰するイデオロギーによって裁断したのではなく、単に具体例を挙げて「嘘をつくな」と言っただけ。「政治家なんてどうせ嘘をつくもの」と達観したような気分になっている人、こういうニヒリストが増えれば、国家は崩壊する。

『一九八四年』に繰り返し登場する独裁政党のスローガンがあります。

《戦争は平和なり》
《自由は隷従なり》
《無知は力なり》

この小説の主人公の仕事は、歴史の改竄です。

「党」にとって都合が悪い過去の事実を抹消し、新たに歴史を捏造する。

わが国でも南スーダンPKOやイラク派遣の日報を隠蔽したり、裁量労働制のデータを捏造したり、財務省の公文書を改竄したりしていますが、要するに、こういう汚れ仕事を主人公はやっているわけです。

彼が勤める省では、言葉の破壊活動が継続的に行われている。

これは「ニュースピーク」と呼ばれる英語をもとにした人工言語で、その目的は「党」に反する思想を考えられないようにすることです。

言葉を破壊すれば、人は思考することができなくなります。

語彙の削減、意味の反転、略語の作成、イメージの置き換え……。

例えば、強制収容所を「歓喜キャンプ」と言い換える。平和省は戦争を維持し、豊富省は国民から搾取し、真理省は歴史を改竄し、愛情省は尋問と拷問を行う。

もちろんこれらは現実の全体主義国家のパロディです。

フランス革命後の政治状況においては、自由の名の下に自由の抑圧が、社会正義と人権の名の下に大量殺戮が行われました。ナチスやソ連の独裁体制下においても、戦略的に言葉の言い換えが行われています。

今の日本でしたら、移民は「外国人材」、家族制度の破壊は「女性の活用」、戦争に巻き込まれることは「積極的平和主義」、秩序破壊のための実験は「国家戦略特区」、不平等条約のTPPは「国家百年の計」、南スーダンの戦闘は「衝突」、米軍機の墜落は「不時着」……。

嘘が発覚したり、論理的な整合性がなくなれば、議事録を書き換え、現実のほうを歪める。あまりにも程度が低い嘘が日常的に社会に垂れ流されている。日本はかなりおかしな国になってしまいました。

「大衆」とは何か?

「大衆」という言葉に対して、「上から目線だ」「庶民を馬鹿にしている」といった反発を覚える人がいるかもしれません。そうだとしたら、「大衆」という社会学の概念と「庶民」の違いを理解していないからでしょう。

オルテガによれば、「大衆」とは労働者、貧乏人、下層民などを意味する言葉ではなく、前近代から近代へと移行する過程で、共同体から切り離され、都市部においてバラバラになった個人を指します。かつて、人々はギルドのような職業団体、宗教、階層に結び付いていました。しかし、近代に入り、身分制度は解体され、人々は平等になります。そこで発生したのが「大衆」という心の在り方でした。

オルテガは大衆を次のように定義しました。

《大衆とは、善い意味でも悪い意味でも、自分自身に特殊な価値を認めようとはせず、自分は「すべての人」と同じであると感じ、そのことに苦痛を覚えるどころか、他の人々と同一であると感ずることに喜びを見出しているすべての人のことである》（『大衆の反逆』）

要するに、社会の気分や空気に流されやすい人たちです。

彼らの最大の特徴は《凡庸であることを自覚しつつ、凡庸たることの権利を主張》（同前）することです。要するに何でもかんでも口を出す。今の時代なら、ワイドショーのコメンテーターが典型でしょう。女優がスポーツを語り、服飾専門家が政治を語るのは、「大衆性」が世に浸透しているからこそ。では、一方の「庶民」とは何か。「庶民」とは日々の生活を大事にし、身の程をわきまえ、己の人生を精いっぱい生きる人々のことです。「大衆」の意味がわからないまま過剰反応し、「庶民を馬鹿にするな」と騒ぐ人こそ、典型的な「大衆」であり、「庶民」とは一線を画す存在だといえるでしょう。

専制的権力は徹底的に腐敗する

最後にイギリスの歴史家であるジョン・アクトンという人についてお話ししたいと思います。一般には、アクトン卿のほうが通りがいいかもしれません。

これは誰でも知っていると思いますが、《権力は腐敗する。専制的権力は徹底的に腐敗する》という言葉があります。《権力は腐敗する。絶対権力は絶対的に腐敗する》という言い回しもあります。

アクトンは自由を擁護する立場からフランス革命を完全に否定しました。

そこでは人民の名の下に権力が一元化され、恐怖政治を招くことになったからです。

全体主義勢力は権力を一元化します。

共産主義もその一つの現れです。近代の理想を実現させるためには、強大な中央権力が必要になる。あるいはその理屈を建前として利用する。

ロベスピエール、ヒトラー、スターリン、毛沢東、ポル・ポト……。彼らが試みたのは権力の集中により、国をリセットし、「理想の国」「新しい国」を人為的につくり出すことだった。その結果については今さら説明するまでもありません。

権力の一元化は地獄を生み出します。

こうした過去に対する反省がなくなってきてしまった。

平成の三〇年にわたり、わが国で繰り返されてきたのは、権力の一元化と言っていいかもしれません。

その一番の原因は一九九四年の政治制度改革だと思います。簡単に言えば、小選挙区比例代表並立制によりポピュリズムが蔓延るようになった。また、政治資金規制法改正により、党中央に権限が集まるようになった。

それによる政治の劣化が、その後の小泉劇場や、民主党政治、今の安倍政権のようなものを生み出しているというのが、大きな流れだと思います。

細川護熙を担いで政治制度改革をやった小沢一郎も、小泉純一郎も、民主党も、口を開けば改革と言います。

彼らは、守旧派、抵抗勢力、官僚といった「悪」を設定し、それを駆逐すべしと世情に訴えかける。「改革を進めれば理想社会が到来する」というわけです。

その結果、今はどういう状況になっているのか。

「桃太郎」みたいな紙芝居に熱狂し、あらゆる制度を解体した結果、大変なことになってしまった。

いまだに「安倍政権は民主党よりはマシ」と言う人もいますが、戦後の思考停止と政治システムの崩壊の行き着いた先が、民主党政権であり、その一番危険な部分、ロクでもない部分を引き継いでいるのが安倍政権です。

安倍の改憲にしても無茶苦茶です。

私は改憲派ですが、安倍に改憲させたら、国が滅びます。一院制、首相公選制の導入、恣意的な憲法解釈……。いずれも権力の集中です。安倍と維新の会が組んで憲法改正をしたら、日本は確実に終了します。

結局、言葉をきちんと使わないから、こういうことになるのです。

「適菜はいろいろ言っているが、じゃあ、どうすればいいのか。どこの政党の誰に投票すればいいのか。対案を示せ」と言われることがあります。

でも、私は、対案を示すつもりはありません。

今回、福田恆存の話をしましたが、保守とはそもそも対案を示すような存在ではありません。

非常識なことが発生したときに、「それは嘘だろ」と言うのが保守です。

現実に即して、指摘し続ける、そして安易に答えを出さずに、考え続けるというのが本来の保守の立場です。

講演会でよくありがちなのは、最後に「われわれ日本人には危機を乗り越える底力がある」みたいなのが多いが、私はそういう無責任なことは言いたくありません。

必要なことは、各自が思考を続けることです。

国家とは何か。

地域共同体とは何か。

政治とは何か。

なぜ私たち人間は何度も同じ過ちを繰り返すのか。


いずれも古典を参照し、過去の偉人の言葉を常に振り返り、考える。

それは一生かかる作業かもしれません。

簡単に「対案」が出てくるようなものではありません。

世の中に存在する問題は、解決がつかないから問題になっているわけです。解決がついているなら、それはすでに問題ではない。

ということは、世の中に存在する問題は考え続けなければならない。

そういう姿勢が失われたとき、過去の亡霊が復活するのだと思います。

本日はご清聴のほど、ありがとうございました。

第4章

それでもバカとは戦え！

アンチではなく「知」が追い込んだ『日本国紀』騒動

二〇一八年末の安倍晋三のツイートを見て飲みかけのみそ汁を噴き出した。巷で話題のトンデモ本、百田尚樹の『日本国紀』を紹介していたからだ。初版二五万部の事故本を売りさばく作戦か？

平成三〇年一一月の刊行なのに、帯に「平成最後の年に送り出す」とあるのは愛嬌だが、「私たちは何者なのか——。」というあおり文句には「バカなんじゃないですか」としか言いようがない。

発売日前から百田の鼻息は荒かった。

《『日本国紀』が発売されたら、歴史学者から批判が殺到するはず、と期待するアンチが多いが、彼らの期待は裏切られる。なぜなら『日本国紀』に書かれていることはすべて事実だからだ》

百田の予想どおり、発売後、歴史学者から批判が殺到することはなかった。事実誤認だらけで、歴史学者が相手にするようなものではなかったからだ。皇室の「男系」の説明もデタラメだし、内容も支離滅裂。織田信長は《一向一揆鎮圧の際も女性や子供を含む二万人を皆殺しにしている。これは日本の歴史上かつてない大虐殺である》と述べる一方で、《日本の歴史には、大虐殺もなければ宗教による悲惨な争いもない》。矛盾をツイッターで指摘されると、百田は「そういう文学的修辞が読み取れないバカがいるとは思わなかった」と返答。フランシスコ・ザビエルとルイス・フロイスを間違えていた件に関しては「どっちにしても外人や」。本を購入し、具体的に間違いを指摘してくれた人たちを罵倒するのは人間としてどうなのか。

さらにはウィキペディア、新聞記事や関連書籍、ネット上のまとめ記事からの膨大な無断引用が発覚。今どき、大学生のリポートでもコピペすればすぐにバレるのに。

百田は「全体の一％にも満たない」と開き直ったが、そもそも量の問題ではない。指輪三個を盗んだ泥棒が取り調べで「一個だけだ！」とドヤ顔で言うようなものだ。なお、その後の検証でコピペとされる部分は三％に達している。

今回、百田を追い込んだのは「アンチ」ではなく、歴史を正しく扱う「知」を尊重する人々だ。作家タブーにより大手メディアが百田を批判できない中、特にネットメディアによる追及は素晴らしかった。知性はバカに屈しないという希望が見えた一件でもあった。

"引き返せない"は戦前と同じ デタラメ五輪は中止すべきだ

フランス検察当局が、日本オリンピック委員会の竹田恆和会長の訴追（贈賄容疑）に向けて予審手続きを開始した（二〇一九年一月一一日）。竹田が理事長を務めていたオリンピック招致委員会は、シンガポールにある「ブラックタイディングス社」代表にコンサルタント料として約二億三〇〇〇万円を支払っている。その人物が五輪選考委員のラミン・ディアクの息子パパマッサタと深いつながりがあることから、疑惑が浮上した。

この日、日本ではカルロス・ゴーンが追起訴されており、フランスの報復ではないかとの陰謀論まで飛び出した。竹田の息子のネトウヨタレントは「フランスの民度の低さが見える。マクロンは相当追い込まれている模様」とツイート。意味不明。フランス検察当局が捜査開始を公表したのは二〇一六年五月である。捜査方法が間違っているなら、具体的に指摘すればいいだけの話であり、これはフランス国民に対する侮辱だ。

ディアクは東京五輪に賛成票を投じたが、日本から振り込まれたカネの一部は息子パパマッサタの宝石代になっている。

リオ五輪招致をめぐっても、パパマッサタにカネが流れていたが、フランス検察当局が動き出した理由は準備が整ったからだろう。

疑惑の渦中の竹田は「回ってきた稟議書にハンコを押しただけ」と開き直ったが、そもそも嘘とデマと不正にまみれた東京五輪である。二〇一三年九月、招致の最終プレゼンテーションで安倍は「(福島第一原発の汚染水は)完全にブロックされている」と国際社会にデマを流した。東京電力はこの発言を否定。実際には高濃度の汚染水が漏れまくりだった。

新国立競技場の設計は迷走を極め、エンブレムはパクリ騒動でやり直し、予算膨張に関しては組織委員会の森喜朗会長が「最初から計画に無理があった」。しまいに安倍は「共謀罪がないとオリンピックはできない」と言い出した。「東京は世界有数の安全な都市」(安倍)ではなかったのか?

今からでもデタラメな五輪は中止すべきである。「ここまで来たら引き返せない」というなら、先の大戦と変わらない。日本はすでに日中戦争の影響を理由に一九四〇年の五輪を返上した実績がある。青島幸男ですら都市博をやめられたんだから、やれないことはない。フランス検察当局の執念の捜査が実ったら、使う予定がなくなった金メダルは彼らにあげてはどうか。

「八割がたの女性」と「六〇歳以上」は絶対に維新に投票してはいけない

二〇一九年一月、日本維新の会が比例代表で三人を公認したが、そのうちの一人が、元フジテレビアナウンサーの長谷川豊だった。言わずと知れた人間のクズ、社会のダニである。これは別段キツイ言い方ではない。その証拠として彼の発言を引用しておく。

「自業自得の人工透析患者なんて全員実費負担にさせよ！　無理だと泣くならそのまま殺せ！」

「マホメット？　ただの性欲の強すぎる乱暴者です」

「いま世界で起きてる戦争、ほとんどイスラム系でしょ？　一番、暴力的な人間が教祖様のところでしょ？」

「八割がたの女ってのは、私はほとんど『ハエ』と変わらんと思っています」

「育休とったら出世できない？　育休とったら社会に戻れない？　言い訳すんな。バカ」「一生言ってろ！　バカ女！！！」

「死刑はもっと残酷に殺すべきだ」「小学校時代から死刑執行シーンはみんなに見せた方が

いい」「出来ればネットで生中継した方がいい」

もっとも長谷川のような人物は、残念ながら一定の割合で世の中に存在する。問題はこうしたバカを選挙に担ぎ出す維新の会だ。長谷川は「六〇歳以上って、選挙権はく奪でいいんじゃないか？」とも述べているが、少なくとも「八割がた」の女性と「六〇歳以上」の人は、絶対に維新の会および長谷川に投票してはいけない。

長谷川は経費の不正使用で降格処分を受け、その後、フジテレビを退社。これまでヘイト発言を社会にまき散らし、デマを垂れ流してきた。自分は「人工透析患者を殺せ」なんて言っていないと嘘をつき、千葉県警に道交法違反で呼び出されていたとネットで指摘されると「デマだ」と騒いだ。

二〇一七年の衆院選では維新の会から出馬し、最下位で落選。

有効投票総数の一〇分の一にも満たず供託金没収となったが、それでも千葉一区で一万五〇一四票を取っている。彼らは長谷川の発言を知った上で投票したのか？

長谷川は「勉強不足な有権者からは投票権を取り上げるべし」と主張していたが、この理屈だと長谷川が当選することは未来永劫ないだろう。

野党共闘は必要だが、〝政界の肥だめ〟とも揶揄される維新の会と組むのは論外であることを指摘しておく。

大事なのは過去の言動
政治家の「猫なで声」に騙されるな

大事なことは、政治家が語る公約、夢、未来ではない。

過去に何をやったかである。

もっとも、人間の脳はすぐに忘却するようにできている。

だから、私は問題のある人物に対し、同じ批判を繰り返しているのだ。「芸がない」と言われても構わない。同じ過ちは何度も繰り返されるのだから、同じ批判を意識的に繰り返さなければならないのだ。

文学批評家のエドワード・ワディ・サイードは、知識人の公的役割を「亡命者」「周辺的存在」「アウトサイダー」「アマチュア」「現状の攪乱者」「権力に対して真実を語ろうとする言葉の使い手」と表現した(『知識人とは何か』)。

これは単純な反権力ではない。

《すなわち、オールターナティヴな可能性を垣間みせる材源を徹底して探しまわり、埋もれ

た記録を発掘し、忘れられた（あるいは廃棄された）歴史を復活させねばならない》

私は自分を「知識人」に重ね合わせる趣味はないが、それでも公の場所でモノを書くのは、「リマインダー」の役割を担うことだと思っている。一〇年、一〇〇年、一〇〇〇年単位の歴史のスパンの中に、われわれの現状を位置付けて考える必要があるからだ。過去の亡霊が復活したとき、どのように対応すればいいのか？

その答えも過去の歴史の中にある。

エドワード・ワディ・サイード（1935～2003）／パレスチナ系アメリカ人の文学研究者、文学批評家。

政治家の「猫なで声」に騙されてはいけない。聞くべきは、《安易な公式見解や既成の紋切型表現をこばむ人間》による《聴衆を困惑》させ、《気持ちを逆なで》する言葉（サイード）なのだ。

小泉進次郎という究極の〝空白〟

以前、小泉進次郎の著書や発言を集めて検証したことがあるが、批判するところが一カ所もなくて驚いた。内容がゼロだから批判しようがない。例えば進次郎はカメラをしっかり見据えて、「必要なことをやるべき」「世論調査を見ても納得している人が圧倒的に少ないことは明らかだ」「政治全体、行政全体の信頼が失墜していることは本当に不幸だ」などと語りかける。

昼のワイドショーを見ているおばさん連中は「本当にそうねえ」と言うのかもしれないが、冷静に考えればいずれも「塩はしょっぱい」レベルの話。「やるべき」だから必要なのであり、「世論調査を見れば納得している人が圧倒的に少ない」のだから、少ないことは明らかなのである。「信頼が失墜していること」が幸福なわけがない。自民党の客寄せパンダからガス抜き要員に出世したのも、内容がないことを自信満々で語るその面の皮の厚さが党中央に評価されたからだろう。

とはいえ、進次郎の芸はこれだけだ。統計不正問題で注目が集まる中、国会で質問に立った進次郎は「平成が終わろうとしている」「この（衆院予算委員会の）基本的質疑は目の前のテレビを見ている方も、この景色を見ているように、すべての大臣が出席しなければいけないことになっている」と、「テレビを見ている方」も知っている事実を述べ立てた上で、総理大臣や閣僚の国会出席数の削減による負担軽減を求めた。

さらに「この問題が起きるまで、誰もがこんなに統計のことを考えることはなかった」として、厚労省幹部の報告が遅れたことを「危機管理上アウト」と批判。アホなこと言ってはいけない。「統計は詐欺だ」との声は上がっていたし、問題は厚労省および政府の不正であり、危機管理ではない。質問に細工を施すことで論点をずらしたり問題を矮小化するのはプロパガンダの初歩的な手法だが、こんなのに騙される人間がいるのも絶望的だ。進次郎は「厚労省、目を覚ましてほしい」と言っていたが、目を覚まさなければいけないのは国民である。

結局、進次郎は「大臣が代わって済む問題とは違う」「厚労省の改革にしっかり旗を振ってほしい」と質問をまとめたが、これが茶番、出来レースでなくてなんなのか？

進次郎の渾身の政策「国会の議員配布資料のペーパーレス化」で思いついたのだが、「ウォシュレット小泉」という愛称はどうか？

希望して党厚労部会長の座に就きながら、自分が担当する組織のケツさえ拭けないのだから。

国会もメディアもバカに乗っ取られた

二〇一九年二月二四日、沖縄県名護市辺野古の新基地建設に伴う埋め立ての賛否を問う県民投票が行われ、反対票が投票総数の七割を突破し、全有権者の四分の一を大きく超えた。これは二〇一八年九月の知事選で玉城デニー知事が獲得した約三九万票も上回り、県民の意思が明確になった形だ。なお、投票率は五二・四八%だった。県民投票条例の規定により、知事は安倍と米大統領宛てに内容を通知した。この結果を歪曲しようとする連中の反応を見ていたら「ミキオ算」という言葉が目に入った。これは「来年（二〇一九年）の三月には（工事は）終わる見込み。終わることに対して県民投票しても仕方がない」（「細川珠生のモーニングトーク」二〇一八年一二月二日放送）などとデマを流しながら、県民投票を妨害してきた日本維新の会（当時）の衆院議員下地幹郎のツイートから生まれた新語。

《県民投票が終わり、開票も終了しました。「反対」四三万四二七三票、「賛成」一一万四九三三票、「どちらでもない」五万二六八二票、これに、投票に行かなかった五五万余の県民

を加えれば、「反対」は四三万人超、「反対以外」が計七一万人との結果になりました》

あまりにアホ。昔『分数ができない大学生―21世紀の日本が危ない』という本があったけど、数字もきちんと読めない小学生レベルのオッサンが比例代表で復活とはいえ国会議員になっているのだから「危ない」どころの話ではない。

ネット上でも一斉にツッコミが入っていた。

《その理屈なら辺野古埋め立てに賛成は約一一万人、賛成以外は約一〇三万人となる》

《二〇一七年の衆院選で沖縄一区の下地の得票率は二二・五三%。投票資格者総数では一二・六七%になる。「ミキオ算」で計算すれば、九割近くの有権者が下地の当選に反対していることになる》

なお、下地の実家の大米建設は辺野古埋め立て工事に絡んでいて、三社ＪＶで約七四億円を受注していた。アホくさ。

産経ニュースは「全有権者の六割は辺野古移設に『反対』せず」と「ミキオ算」を使って報道。フジテレビ解説委員の平井文夫は、辺野古埋め立て反対が沖縄の民意というのは「フェイクニュース」「よくあるトリック」と述べていた。情弱を騙すためのフェイクニュースを垂れ流しているヤツが、嘘に嘘を積み重ねる。国会もメディアもすでにバカに乗っ取られた。右も左も関係ない。戦局はわれわれ日本人とバカとの戦いに入っている。

政権を礼賛しデマを量産 三流ライターの〝見識〟

静岡新聞が政治評論家の屋山太郎が書いた「ギクシャクし続ける日韓関係」なるコラムを掲載。「徴用工に賠償金を払えということになっているが、この訴訟を日本で取り上げさせたのは福島瑞穂議員」「実妹が北朝鮮に生存している」などとデマを連ねていたが、そもそも福島に妹はいないし、生まれも育ちも国籍も日本。元徴用工訴訟にも関与していない。静岡新聞は「事実ではありませんでした」と訂正の上、謝罪。福島は虚偽を書かれ、名誉を傷つけられたとして、屋山に三三〇〇万円の損害賠償を求めて東京地裁に提訴した（二〇一九年一一月二九日に東京地裁が賠償命令）。

屋山といえばその時々の政権を礼賛し、デマを流しながら小銭を稼いでいる三流の乞食ライターだが、三〇年前からボケている人間にコラムを書かせるメディアもどうしようもない。誰でも気づきそうなデマが新聞社の校閲を通るのだから、日本は相当傾いてきている。

屋山は一九三二年生まれ、運転免許証だって返納したほうがいい年齢だ。身寄りがあるのか知らないが、親族や周辺がストップをかけてあげるべきだろう。

なお、屋山の見識のなさはあの界隈の中でもずば抜けている。

小泉純一郎の構造改革を大絶賛し、規制緩和と大声を上げ、官僚を悪玉にして大衆受けを狙う。芸はこれだけ。自民党が劣勢になると、民主党を大絶賛。

「民主党が勝てば、明治以来の官僚内閣制は崩れる。その後に初めて政権交代がこれからできてくる」「私は今、これまで見てきた選挙の中で一番わくわくしている」

民主党が落ち目になれば、橋下徹を大絶賛し、「次の総理」と持ち上げる。「本物の政治家が誕生したと私は見る」「言葉を的確に繰り出して討論し、説得する突破力を独自に持っている政治家を、日本で見るのは初めてだ」

で、今はご飯をおごってくれる安倍晋三の幇間《ほうかん》に。『それでも日本を救うのは安倍政権しかない』というヨイショ本も書いていたが、それなら安倍政権が終わったら日本も終わりかよ。ネット上の紹介記事には「屋山は保守主義の理論的支柱ともいえるエドマンド・バークの信奉者」とあったが、ヘソで茶を沸かすね。バークが否定したのは屋山みたいな幼稚で卑劣な「改革バカ」である。

現実から目を背けるために過去を「いぢくり廻してゐる」

新元号の発表は二〇一九年四月一日、切り替わるのは五月一日である。それに合わせて、「新元号を予測する」といった記事が巷にあふれている。これまでなら「不敬」とされていたが、今回は生前譲位なので構わないとメディアも抑制が利かなくなっている。

安倍が「元号の出典は日本で書かれた書物がいい」と周辺に話しているとの報道もあった。日本初の元号とされる大化（六四五年）から平成までの二四七の元号のうち、出典が明らかになっている七七のすべては中国の古典（漢籍）からの引用である。明治、大正は「周易」（易経）、昭和は「書経」だ。こうした一四〇〇年近い伝統を投げ捨て、「日本で書かれた書物」から引用するという話が突然出てきたのはなぜか？

私は福田恆存の「言論の空しさ」という文章を思い出した。

《国民総生産が世界第二位といふ「経済大国」になると、再び軽佻浮薄な日本人論が歓迎され始めた。それまで大抵の本が外国人の引用で埋められたものだが、近頃は一夜漬けの日本古典、それも心学道話の類ひに至るまで有り難さうに引用される。が、いづれも外国人が日本を見る物珍しげな目附で日本の古典や日本人の意識をいぢくり廻してゐるだけである》

当時（昭和五五年）と違うのは、今の日本が「経済大国」ですらなく、現実から目を背けるために過去を「いぢくり廻してゐる」ことだ。改元はもともと天皇の大権だが、時の権力による政治利用や政争の具として使われてきた。皇室に対して不道徳な態度を取り続けてきた安倍政権が元号を弄ぶのは許されることではない。

福田恆存（1912～94）／劇作家、翻訳家、評論家。平和論への批判を行った。

福田は「私の歴史教室」でこう述べる。

《古来、歴史を鑑と称して来たのは、それによつて現代、及び自分の顔の歪みを匡《ただ》す意味合ひのものではなかつたか》

私は森羅万象を担当しているなどと思い上がれば、歴史や伝統など捏造の対象にしかならない。自らを神格化し、天正への改元を押し通した織田信長は、その一〇年後に本能寺の変で殺された。

議論の〝前提〟を捏造する勢力は論外だ

ＳＮＳ（ソーシャル・ネットワーキング・サービス）には何の期待もしていない。私が政治や社会に対するコメントをｂｏｔ（自動的につぶやくプログラム）でツイッターに流しているのも、「一日一善」みたいな発想で、特にメリットはない。

それよりもマイナス面が大きい。訳のわからない批判をしてくるやつもいるし、反論すれば逆恨みされる。

論理的な批判なら、論理で返すことができるが、そうでないものが多い。「非学者論に負けず」という言葉があるとおり、最終的にはバカが勝つのである。彼らは狭いコミュニティの中で、「論破してやった」と一方的に勝利宣言する。

ネトウヨという言葉があるが、彼らは右翼ですらなく、実態はネット上の陰謀論やデマに流される情報弱者である。安倍政権の失政を批判すると「他に誰がいるのか」、法案の矛盾を指摘すると「対案を示せ」、嘘を指摘すると「上から目線だ」。あらかじめ用意されたテンプレートに毎回乗っかり、思考停止し、生ぬるい世界に閉じこもる。

多くの人は「言葉が通じない」という絶望感に襲われ、口を開く気もなくしてしまう。そして「大衆社会なんてこんなものだ」と達観してみせたりする。こうしたニヒリズムが社会に蔓延している。

われわれ日本人の最大の敵は何か？

「思考停止」と「諦観」である。

偏向メディアが流す情報、ましてやネットで拡散するデマを妄信するのではなく、まずは虚心になって事実に向き合うべきだ。世の中にはさまざまな立場や考え方がある。それを尊重すべきなのは当然だが、議論の前提となる事実そのものを捏造する勢力は論外だ。入管法改正に関する法務省のデータごまかし、森友事件における財務省の公文書改竄、南スーダンＰＫＯにおける防衛省の日報隠蔽、裁量労働制における厚労省のデータ捏造など、すでにわが国は常識が通用しない三流国になっている。

不道徳な政権に国民は審判を下すべきだ。

官邸が仕組んだ維新拡大の〝トリック〟

ここのところネットでまとめて動画を見る機会があった。『トリック』というテレビドラマシリーズは、主人公が超能力者や霊能者のインチキを見破っていくという話だが、ロジカルにトリックを指摘するという体裁になっているので、ストーリーの細かい破綻が目立つ。それで見ているのがしんどくなり、第四話あたりでやめてしまった。

一方、『民王』は総理大臣の父親とバカ息子の頭の中が陰謀により入れ替わってしまうというドラマで、とても面白いので一気に見た。最初から設定がぶっ飛んでいるので、物語が破綻することはない。荒唐無稽な話にツッコミを入れるほうがおかしい。

大阪のW選挙で発生していたことはこれではないか?

大阪市の解体を当の大阪市民に選択させる。「都構想反対派はデマを流している」と言いながら、「大阪市はなくならない」とデマを流す。しまいにはデマサイトのデマを候補者がツイッターで拡散させる。最初の時点からして設定がぶっとんでいるので、ツッコミも機能しない。確信犯的に嘘をついている連中に「嘘だ」と指摘しても「だからどうした」と言われるだけ。

物語の伏線も『民王』並みにねじれている。

橋下徹、松井一郎、吉村洋文と、安倍晋三、菅義偉はべたべたにつながっている。結局、柳本顕、小西禎一をつぶしたかったのは官邸だ。朝日新聞によると、大阪維新の会の勝利で官邸には安堵感が広がったとのこと。本当に薄汚い連中である。自民党幹事長の二階俊博は「意識的に（選挙を）サボタージュするというようなことがあったとすれば、それはけしからんことです」と官邸を牽制したが、二階の動きも十分に怪しかった。特に市長選は接戦が報じられていたにもかかわらず、二階と安倍、大阪府連は連名で「自由民主党、公明党以外の政党に対する推薦、支援要請は、これを行わず、仮に自公以外の政党より、両候補に対し、推薦等行いたい旨、申し出のあった場合は、これを完全に放棄

菅田将暉(1993〜)／俳優、歌手。池井戸潤の小説『民王』がテレビドラマ化され、菅田の初主演作に。

する」との基本方針を打ち出し、共闘ムードをぶち壊した。

本気で選挙に勝つつもりなら、全野党が共闘すべき理由を丁寧に説明すべきだったのに連中は逆の道を選んだ。

なかなか巧妙に仕組まれたこのトリック、騙された人は少なくないだろう。

改革バカにケンカを売る山本太郎の本気度

山本太郎が自由党を離党し、政治団体「れいわ新選組」を立ち上げた。団体名からして、維新的なもの＝安倍晋三、菅義偉的なもの＝改革バカにケンカを売っている。それだけでも笑えるが、打ち出した政策を見て声を上げて笑ってしまった。完全に保守のど真ん中。あまりにも直球なので優秀なブレーンがいるのだろうが、山本も政治家として急成長している。

私は以前、週刊誌で山本を批判したことがある。国会で出される弁当は「ベクレてる（放射能汚染されている）」などと風評を流すデマ体質の左翼だと当時は思っていたが、自民党を筆頭に政治家が劣化していく中、山本のまっとうな部分が目立ってきたのは皮肉な話だ。

まだ社会的には誤解されている人だと思うし、私も全面的に信頼しているわけではないが、政策の九割は高く評価できる。残りの一割もツッコむ余地があるといった程度の話。

消費税の廃止、安い家賃で住める公的住宅の拡充、奨学金チャラ、最低賃金時給一五〇〇円……。平成の三〇年間にわたりメディアが垂れ流した「構造改革」神話に洗脳された人にはほとんどデタラメに聞こえるかもしれないが、実現までのプロセスは政策に書いてある。額に青筋を立てて「財源はー！」と騒ぐ前にその部分はチェックすべきだ。

「公務員数の増加」という項目も素晴らしい。「世界から見て日本は公務員の数が少なく」「一万人あたりの公務員数を見ると日本は、英国の約三分の一、米国の約二分の一」とあるが、こちらも「民営化＝善」という妄想からの脱却を目指しているように見える。

一次産業戸別所得補償、防災庁の創設、国土強靭化、公共投資の拡充、独立国家を目指すための日米地位協定の改定、辺野古基地建設中止などの政策もいい。いま大事なことは安倍政権の売国を止めることだ。これまで押し通されてきた「トンデモ法」（TPP、水道法、カジノ法、漁業法、入管法、特定秘密保護法、国家戦略特別区域法など）の一括見直し・廃止も唱えているが、これはすぐにやってほしい。

実現には困難がつきまとうだろうが、日本にも「保守政党」が一つくらいあってもいい。

財務省が叩く「MMT」はトンデモ理論なのか？

MMT（現代金融理論）が世界で注目を集めている。日本でも財務省や主流派経済学者が「トンデモ理論」だと決めつけバッシングに大わらわになっているが、彼らの世界観が根底から覆されるような話なので当然だろう。MMTから引き出される結論は何か。

①日本政府（と日本銀行）は、自国通貨（円）を発行している。

②自国通貨建ての国債は、デフォルトしない（デフォルトするのは外貨建て国債のケースだけ）。

③よって政府は財源の心配をする必要はない。

これが正しければ消費税を増税する意味もないし、「政府債務残高がー」と叫ぶ必要もなくなる。というより、「何のために騒いでいるの？」という話になる。

MMTは本当に「トンデモ理論」なのか。評論家・中野剛志の『目からウロコが落ちる奇跡の経済教室【基礎知識編】』がわかりやすく説明している。

デフレとインフレは逆の現象だから処方箋も逆になるというごく当たり前の指摘から始ま

り、貨幣の本質を解説したものだ。中学生程度の知識があれば理解できると思うが、安倍や頭が固くなった周辺の官僚には難しいかもしれない。

「インフレが行き過ぎない限り、財政赤字の拡大は心配ない」「税金は、財源確保の手段ではなく、経済の調整の手段」と中野は唱えるが、経済に限らず、真逆の処方箋を選び続け、見事に三流国に転落したのが今の日本ではないか。構造改革、極端なグローバリズム路線、移民政策、デフレ下の増税……。失敗であることが世界中で明らかになった後に同じ過ちを繰り返し、自ら地獄へと突き進んできた。

中野剛志（1971〜）／評論家。日本でMMT（現代貨幣理論）ブームの火付け役に。

要するに、すべてがアベコベだ。

だとしたら、その逆をやればいい。すなわち「財政赤字の拡大」だ。防災対策、貧困対策、少子高齢化対策、教育対策、環境対策など、国民が必要とする支出が「改革」の名の下に削られてきた結果が現在である。

まずはMMTに関する事実を確認すべきだ。そうすれば月並みな批判はあらかた反証されていることがわかるだろう。

社会のダニが結集した維新の会はすみやかに解散すべき

日本維新の会の衆院議員（当時）丸山穂高が、北方領土へのビザなし交流訪問団に同行。国後島の宿舎で大酒を飲んで騒いだ揚げ句、元島民の団長に「戦争でこの島を取り返すことは賛成ですか、反対ですか？」「ロシアが混乱しているときに取り返すのはＯＫですか？」と質問。団長がロシアと戦争をするべきではないと答えると、「戦争しないとどうしようもなくないですか？」と畳みかけた。

元島民らは抗議。ロシア上院のコサチョフ国際問題委員長は「日ロ関係の流れの中で最もひどい（発言だ）」と批判した。丸山は「賛成か反対かを聞いただけ」「それに対して何をダメだとおっしゃっているのかよくわからないです」とごまかそうとしたが、「戦争しないとどうしようもなくないですか？」と言い切ったのである。

維新代表の松井一郎は当初「言論の自由」などと与太を飛ばしていたが、騒ぎが広がると丸山を党から除名。「議員辞職すべき」「有権者からは日本維新はバカな議員がいるんだなと、ご批判いただくことになる」と言い出した。いや、「維新にはバカしかいない」の間違いだろう。

周辺のネトウヨ連中は、テレビ朝日が発言を「こっそり録音」し、その一部を切り取ってさらしたというデマを拡散。実際には団長が取材を受けているところに丸山が乱入したのだが、デマゴーグの行動パターンはある意味安定している。

立憲民主党など野党六党派は議員辞職勧告決議案を衆院に共同提出。丸山は「言論府が自らの首を絞める行為に等しい」と議員辞職を拒否したが、憲法に反する発言を言論府が放置することこそ自らの首を絞める行為に等しいのにね。

国会でも挙動不審。他の議員にむやみに嚙みつくと思っていたら、二〇一五年には酒に酔って一般人に物理的に嚙みついていた。これが問題になると、「今後の議員在職中において公私一切酒を口に致しません」と述べ、再度飲酒した場合は議員辞職する意向を示したが、今回、有権者との約束を見事に破り、完全に開き直ったわけだ。

元大阪市長の橋下徹は「このような国会議員を誕生させたのは僕の責任」とツイート。そのとおりだ。丸山はロシアを挑発し、一億二〇〇〇万人の日本国民の生命を危険にさらした。社会のダニを結集させた責任を取り、維新の会はすみやかに解党・解散すべきだ。

維新の正体を浮き彫りにした長谷川豊の部落差別騒動

二〇一九年の参院選に日本維新の会から立候補する予定だった元フジテレビアナウンサー長谷川豊が、被差別部落を誹謗中傷して騒ぎになった。長谷川は講演で「士農工商の下にエタ・ヒニン、人間以下の存在がいると。でも人間以下と設定された人たちも性欲などがあります。当然、乱暴などもはたらきます」と発言。何が「当然」なのかわからないが、さらに「相手（エタ・ヒニン）はプロなんだから、犯罪の」と発言。

なお、専門家によると、長谷川の話を裏付ける資料は見当たらないという。犯罪は身分と関係なく発生しており、江戸時代の被差別民は警察に近い役割を担っていた。要するに歴史の捏造までしているわけだ。

長谷川は問題を指摘されると逆切れ。講演の内容がネットにアップされた件について、「最近、ツイッターなどでまた新しい切り取りをさらして共産党支持者を中心とした輩たちが喜んでいるようです」「『差別だー』と言ってるそうですが、呆れ果てます」「僕の講演会にはかつて何人もの共産党員の方々が、僕の上げ足をとるために参加してきています。（中略）そんな皆さんが全員、ぐうの音も出せずにすごすごと帰っていきます。事実しか話さないからです」（「長谷川豊公式コラム」二〇一九年五月二一日）と述べていた。

ところが翌二二日、「謝罪するとともに、完全撤回させてください」と一八〇度違うことを言い出した。なぜか？　部落解放同盟が維新の会に抗議したからだろう。要するに、とりあえず謝っておいたほうが得とソロバンをはじいただけ。

長谷川は「本当に差別的な意識はなかったんですが、とにかく無知です」と発言をごまかしたが、元アナウンサーが差別用語を知らないわけがない。そこにはドス黒い悪意しかない。

これまでも長谷川は、女性やイスラム教、社会的弱者を誹謗中傷してきた。それを批判されると、表では「発言の一部を切り取られた」と騒ぎ、論点をすり替え、裏では批判者の口封じに走る。先日、長谷川の過去の発言を報じた「サイゾー」に内容証明を送り付けていたが、実は私が日刊ゲンダイに書いている連載についても長谷川から恫喝があった。編集部に本人から電話がかかってきて「適菜が書いた記事をサイトから消せ。適菜の公民権が停止されることも考えられる」といった趣旨の発言を繰り返したという。反論があるなら言論でやればいい。要するに、これが維新の会の正体だ。

NHKネット同時配信は迷惑でしかない

私はテレビを持っていない。この二〇年以上、テレビはまったく見ていない。だから当然NHKの受信料も払っていない。近所の定食屋や健康ランドでたまにテレビ放送を見かけることがあるが、むやみにテンションの高い人たちが出演していることが多く、音声を聴いているだけでもシンドイ。できたら遠ざけたいメディアの一つだ。

二〇一九年五月二九日、放送法の改正により、NHKはテレビ放送と同時にインターネット上にも番組を流すことになった。

つまり、ネットにつながるパソコンやスマホを持っているだけで、受信料を取られることになる可能性が高い。これを迷惑と言わずになんと言うのか。

NHKのネット事業の拡大について、日本民間放送連盟は「民業圧迫だ」などと反発していたが、それどころではない。テレビを見ない健全な国民に対する圧迫である。見たくもない映像を勝手に送りつけ、強制的にカネを巻き上げる。ネットとスマホを解約すればいいのだろうが、今の時代、なかなかそうもいかない。二〇一八年度のＮＨＫ受信料収入は七一二二億円に上るが、なぜこんなことがまかり通っているのか？

公共放送というのも形だけで、実際には人事を含めて政府に掌握されている。ラノベ作家の百田尚樹は以前、ＮＨＫ経営委員だったが、《僕の若い頃、ビジネスホテルには一〇〇円入れるとエロビデオが見られる機械があった。その一〇〇円を入れる穴に針金を突っ込んでうまく操作すると、タダで見られた。だから出張に行くときは針金は必需品だった》とツイートしている。百田は「放送法遵守を求める視聴者の会」の代表理事でもあるが、あらゆる法の順守を求めたい。

私はユーチューブはよく見る。一昔前なら手に入らなかった貴重なライブ映像などが山ほど転がっている。音楽以外では「かねこ」という若い男がさまざまな魚をさばいていく「きまぐれクック」という番組をよく見る。魚をきれいにさばくのは純粋に美しい。そしてテレビでは失われた真の「芸能」がまだここに残っているといつも思う。「かねこ」は一般人なので本来は敬称を付けるべきだが、真の「芸能人」という尊敬の意味を込めて「かねこ」と呼ばせていただく。ＮＨＫに払うカネがあるなら、「かねこ」にやったほうがいい。

N国党は〝政界の肥溜め〟立花孝志の正体

過去の悪霊がまた息を吹き返そうとしている。「NHKから国民を守る党」が二〇一九年の参院選で一議席を取り、政党要件をクリア。これにより、連中は二〇一九年分として五九〇〇万円の政党交付金を手に入れることになった。さらに所属議員が増えれば一人当たり約二四三〇万円が上積みされる。

N国党は契約者だけがNHKを見られるようにする放送のスクランブル化を主張しているが、この手口も使い古されたものだ。私も含めて多くの国民はNHKのやり方に不満を持っている。こういうわかりやすい既得権益を叩くことで、社会に蔓延する不満、恨みつらみを吸収し拡大していく。平成の三〇年間はこの手の連中による「既得権を破壊することにより生まれる新しい利権」の収奪の繰り返しだった。

今回も薄汚い連中が集まってきた。国後島で大酒を飲み、「北方領土を戦争で奪い返すべきだ」「女を買いに行く」と騒いで日本維新の会を除名された丸山穂高は、議員を辞めるどころか、歳費や文書通信交通費に加え、N国党から年間約二四三〇万円を受け取ることになった。構造改革利権屋の渡辺喜美も近寄ってきた。サラ金業者の団体、道路特定財源関連の団体、商品先物取引会社から献金を受け、化粧品大手DHC会長からは使途不明の大金が流れている。受信料の前に「八億円の熊手」の説明をしろ。

党首の立花孝志は秘書暴行問題で書類送検された石崎徹にも声をかけている。以前、私は橋下維新は「政界の蠅取り紙」と指摘したが、丸山も渡辺もその維新からさえ除名されている。N国党は「政界の肥溜め」といったところか。

立花は危険人物である。《法的には支払わなければいけないものを、あえて法律違反をしましょう。法律よりも守らなければいけないのが、道徳であり正義である——ということ。これは選挙前から言い続けておりますので》（「BuzzFeed」二〇一九年七月三〇日）

典型的なテロリストの発想だ。道徳観や正義感は人それぞれである。世の中には障害者を殺すことが正義だと考える植松聖のような人間もいる。正義や道徳はあくまでも法の下で追求しなければならない。それが法治国家の原則だ。

丸山は言う。「（私も）毒なんですが、立花代表も十分毒で、混ぜて劇薬にして、変えなければいけない部分に突っ込む薬にしたい」

毒に毒を混ぜても毒にしかならない。小学生でもわかる理屈だ。

橋下徹〝親の子殺し〟容認「異常・危険分子」は一体どちらか

厚生労働省によると、親の虐待により死亡した子どもは平成二九（二〇一七）年度で六五人（心中の一三人含む）に上るという。千葉県野田市の小学四年生が、両親から虐待を受けて死亡した事件は社会に大きな衝撃を与えたが、背景には歪んだ形の「ものわかりの良さ」があるのではないか？

事件の実態が明るみに出る前に「親も追い詰められていただろうし、殺された子どもにも非があるはずだ」と妄想を膨らませてしまう。

二〇一九年六月には引きこもりの長男を殺害した元農林水産事務次官の父親もいた。長男は普段から家族に暴言を吐いており、自宅に隣接する小学校の運動会について「うるさい」と言い、不機嫌になっていたという。父親は、川崎市で小学生ら二〇人が殺傷された事件を思い出し、「子どもに危害を加えてはいけないから殺した」と供述した。

これに飛びついたのが大阪維新の会法律顧問の橋下徹だ。

《僕が熊沢氏（元次官）と同じ立場だったら、僕も熊沢氏と同じ選択をしたかもしれない》（「PRESIDENT Online」二〇一九年六月五日）

世間の空気に媚びながら、橋下は続ける。

《近代国家の刑法としては、危険性があるだけでは処罰はできない。しかし、本当に他人を犠牲にしてしまう危険が自分の子供にあると判断した時に、社会が処罰できないのであれば、親が処罰するしかない》

支離滅裂だ。

親が「危険性がある」と判断しただけで殺人を正当化できるなら、あらゆる虐待が見逃されることになる。そもそも、その親の判断が正しいとは限らない。元次官に殺された長男は犯行に及んだわけでもない。

橋下の妄言は今に始まった話ではない。著書『まっとう勝負！』にはこうある。

《他人様の子供の命を奪うほどの危険性がある奴に対しては、そいつの親が責任を持って、事前に世の中から抹殺せよ。苦渋の決断でわが子を殺した親に対しては、世の中は拍手を送ってもいいだろ。国に代わって、世の中に代わって、異常・危険分子を排除したんだからね》

「異常・危険分子」は一体どちらなのか。児童虐待はこのような「弁護士」をテレビに出す社会と「卑劣で身勝手な大人」の問題である。

ユーチューブ時代に逃げられないのはN国党だ

名前を出すのもおぞましい集団が、参院選で一議席取ってしまい、案の定、暴走を始めた。人間には危機を回避するための本能が備わっている。おそらくタレントのマツコ・デラックスも、肌感覚で「気持ち悪い」と言ったのだろう。

TOKYO MXの番組（二〇一九年七月二九日放送）では「ちょっと宗教的な感じもあると思う」「ふざけて入れた人も相当数いるんだろうなと思う」と発言。いずれもまっとうな批判だが、党首の立花孝志は「N国党に投票してくれた有権者をバカにした発言は許しがたい」「マツコ・デラックスをぶっ壊す！」と激怒。TOKYO MXのスタジオ前に行き、「MXさんが謝罪するまで、毎週おじゃまするる」と騒ぎ立てた。さらには動画で「おまえのほうが気持ち悪いよ」「マツコはテレビ局の犬。ワンワンワン」と罵倒。「気持ち悪い」としか言いようがない。タレントとはいえ一般人を政治家が恫喝するのは異常である。

一部のネトウヨが「立花は正しい」と言っていたが、毎回のように共産党の悪口を言っている関西の某番組のスタジオの前に、志位和夫と支援者が結集したら同じように肯定するのか？

国民の多くがＮＨＫのやり方に反発を覚えるのは当然だが、だからといってＮ国党がまともという話にはならない。これを面白がって報道するメディアも狂っている。

Ｎ国党は、千葉県柏市議選挙に候補者を擁立したが、立花の街頭演説中にヤジが飛ぶと、支援者と共に男性を取り囲み、吊るし上げた。さらに撮影しながら男性を追いかけ、タクシーに乗り込むのを阻止、「私人逮捕」と称して身体を拘束し、罵声を浴びせた。通りがかりの女性がこの蛮行に抗議すると、女性を恫喝。

立花はこうした映像をユーチューブに流しカネを稼いでいる。参院当選後には「年間で一億五〇〇〇万円くらい入ってくるのかな」と発言していたが悪質な炎上ユーチューバーとやっていることは同じ。二〇一八年六月の松戸市長選では市民メディア関係者を追いかけ回しケガを負わせている。立花はマツコに対し「このまま無視すればよいという考えはユーチューブ時代では不可能です」と言っていたが、立花の鬼畜ぶりも動画に残っている。このまま逃げ切るのはユーチューブ時代では不可能だ。

過去にはテロ予告も……絶望的に古いN国党の体質

災害が発生したときは初動が重要だ。N国党への対応も時間が勝負である。

一部メディアは「新しい政治の動き」としてれいわ新選組と並べて論じているが冗談ではない。N国党が平成の三〇年にわたる政治腐敗の成れの果てだとしたら、れいわ新選組はこの三〇年の政治に対する反発である。要するに真逆。水と油。れいわ新選組の新しさは反グローバリズム、反構造改革路線を明確に打ち出したところにあるが、N国党はすべてが絶望的に古い。

「NHKをぶっ壊す！」というフレーズも、二〇年近く前の小泉純一郎の「自民党をぶっ壊す！」の二番煎じか三番煎じか四番煎じ。要するに出がらし。既得権を叩くことにより、新しい利権を手に入れようとする連中が集まってくるところまで同じだ。

小泉がやったことは何か？　郵政民営化などの売国に反対した保守的な政治家を自民党から追放し、さらには刺客まで送り込んだ。そして実際に自民党をぶっ壊し、ぶっ壊れたまま放置し、政治に対する信頼まで破壊した。結局、自民党は政商とカルト、新自由主義者に乗っ取られてしまった。昔の自民党と今の自民党は完全に別物である。

政治の暴走を防ぐセーフティーネットが「改革」の名の下に破壊された結果、過去の悪霊が次々と息を吹き返した。すなわち徹底的な破壊主義と設計主義である。

小池百合子「日本をリセットするために党を立ち上げる」

橋下徹「一からリセットして日本をつくり直す」

安倍晋三「新しい国をつくる」「社会はあたかもリセット・ボタンを押したかのように（なる）」

国も社会も一日で成り立つわけではない。しかし、カルトは過去の記憶を消去し、自分たちの妄想により、社会を設計しようとする。

N国党のような反社会勢力が表舞台に出てきたのも、社会の混乱が背景にある。党首の立花孝志は過去にツイッターでテロ予告をしている。

《私はテロ起こす計画を既に24チャンネルや講演会で発表しています。がんなどで私の生命の限りが発見できた場合はテロします》

このツイートは今でも削除されていない。国会、警察、メディア、ツイッター社はこの事態をどう捉えているのか？

客寄せパンダから出オチ芸人へ進次郎の快進撃

小泉進次郎の快進撃が止まらない。

正直、ここまでのタマとは思っていなかった。

環境相に就任したとはいえ、政治家になってからの実績が特にあるわけではない。政策も国会の議員配布資料のペーパーレス化とか深夜国会による時間の無駄遣いの削減とか、いずれも主婦の節約術レベルの話。だから、まともに勉強もしないまま親の地盤を継いで政治家になったよくあるタイプのボンボンだと思っていた。

しかし、「地位は人をつくる」のか、入閣後の発言は突き抜けた感がある。

東京電力福島第一原発事故に伴い除染で出た福島県内の汚染土は三〇年以内に施設から運び出し県外処分することになっている。この処分場の検討の遅れを記者から指摘された進次郎は、「約束は守るためにあるものです」とおなじみの「進次郎話法」(一+一＝二のように誰もが反論できないことを大上段から言う)で返答。ドヤ顔でニヤリと笑った後、さらにひねりを加えてきた。

記者が「具体的には？」と聞くと、進次郎は遠くを見つめ、「私の中で三〇年後ということを考えたときに、三〇年後の自分は何歳かなとあの発災直後から考えていました。だからこそ、私は健康でいられればその三〇年後の約束を守れるかどうかの節目を見届けることができる可能性がある政治家だと思います」と言い、うんうんと二度うなずいた。

意味不明。

小泉進次郎（1981～）／自民党の衆院議員、環境大臣。進次郎話法がネット民の間で話題に。

三〇年後の自分の年齢は今の年齢に三〇を足せばいいだけだが、要するに何も言っていない。

また、「三〇年」という期限が法律で決まったのは二〇一四年一一月なので、発災直後から「三〇年後の約束」を考えていたというのも謎である。口が滑ったのか、若年性認知症なのか。基本的にいい加減なのだろう。

「必要なことはやるべき」といった進次郎

のトートロジー（同義語反復）の数々もイラク復興支援特措法の定義をめぐって「自衛隊の活動しているところが非戦闘地域」と暴言を吐いた父親の純一郎と同じ頭の構造。

遺伝なのか、真似をしているのか、ブレーンが同じなのか？

このまま新ネタを投下していけば客寄せパンダから出オチ芸人くらいには出世するだろう。出てきた瞬間に失笑が漏れる。もっとも今回のふざけた組閣により、政権ごとコケる可能性は高いが。

ナチスか？ 悪霊の復活……
三浦瑠麗の〝見識〟に頭がクラクラ

国際政治学者を名乗るコメンテーターの三浦瑠麗が、国際芸術祭「あいちトリエンナーレ」の企画展「表現の不自由展　その後」についてツイッターに連投。

《大衆的な民主主義の時代においては、一番の権力者は民衆です。彼らに全く受け入れられない「アート展」には持続可能性がありません。公共の場を借りた展示が、多くの人の学習

意欲を満たし、十分に教育的で説明的であってほしい、という需要に応えるものになっていくことが求められている結果です》

頭がクラクラ。これは企画展の是非や補助金の不交付がどうこうといった問題がぶっ飛ぶほどの恐ろしい発言だ。

要するに三浦は「一番の権力者」に「受け入れられない」アートを否定しているわけだ。ナチスですか？

ヒトラーは印象派などの近代美術を「退廃芸術」として攻撃。芸術を「学習意欲を満たし、十分に教育的で説明的」なものに限定していった。スターリンも芸術を「学習」「教育」のために利用した。「ロシア・アバンギャルド」は弾圧され、「社会発展のために役に立つプロレタリア芸術」のみが認められた。こうして芸術は党の管理下に置かれるようになった。

三浦は展示品に対し「説明不足」「鑑賞者に説明なしに黙って見ることを要請」と繰り返すが、芸術とは「鑑賞者に説明なしに黙って見ることを要請」するものである。そもそも簡単に説明できるものなら芸術という形式を取る必要はない。

なお、ここで論じているのは展示品が芸術か否かではない。三浦の芸術観が幼稚で浅はかであるだけでなく、過去の悪霊の復活につながることを指摘しているのだ。

三浦は展示品の作者に対し《そもそも、何をもってして「目覚めた自分」と「目覚めていない大衆」を分けているのか》と批判するが、それはこちらが聞きたい。三浦の文章からにじみ出るのは「自分は目覚めた側の人間であり、社会を俯瞰的に眺めている」という傲岸不遜な態度である。

そんなルリが考える「一番の権力者」に受け入れられ「持続可能性」のある「学習意欲を満たし、十分に教育的」な芸術展とは何か。ナチス公認の「大ドイツ芸術展」というのもあったが、われわれの社会は二〇世紀の愚行を繰り返そうとする危険人物に対し寛容に過ぎるのではないか。

書評の信頼性に泥を塗った「ヨイショ感想文」騒動

元ラノベ作家で現在は無職（当時）の百田尚樹さんが巷で話題になっている（筆者註・一般人のため敬称を入れました）。

百田さんが現役時代に出した著書が相当数売れ残っているのか、新潮社がツイッター上で

「ヨイショ感想文求む」というキャンペーンを開始。《百田先生を気持ちよくさせた二〇名の方に、ネットで使える一万円分の図書カードを贈呈》とあり、アイコンには上半身裸で金粉が塗られた百田さんの画像が使われていた。

これに対し「気持ち悪い」と非難が殺到。新潮社は謝罪し、企画は中止になった。

私は百田さんの現役時代の言論には否定的だったが、今回の件で彼を批判するのはおかしいと思う。そもそも百田さんは下品が売り物のライターであり、ゲスに対してゲスと言っても仕方がない。

百田尚樹（1956～）／放送作家、小説家。安倍親衛隊、ヨイショライターの一人。

問題は新潮社だ。安倍のヨイショライターをヨイショするという企画もグロテスクだが、これは高評価のレビューをカネで買うのと同じ。

話題になればいい、アンチなんて無視すればいい、法に触れるわけではない、面白ければいい……。こうした悪性のニヒリズムと戦うのが言論やそれを支える出版社の役割ではないか。こうした常識を古くさいとせせら笑い、算盤をはじくしか能がない連中が社会をおかしくしていくのだ。

これは二〇一八年九月に「新潮45」が休刊になったときと同じ構図。自称文芸評論家の小川榮太郎が書いたLGBTに関するヨタ記事が社会問題になったが、あれが「ＷｉＬＬ」や「Ｈａｎａｄａ」「正論」に掲載されていれば何の問題もなかったはずだ。東スポの一面に「ツチノコ発見」「ネッシー捕獲」とあっても誰も気にしないのと同じ。今回のキャンペーンも老舗出版社で良書をたくさん出している新潮社がやったから苦情が殺到したのだ。

新潮社は顧客を裏切ってしまった。「本を読むという行為」を冒瀆し、書評の信頼性に泥を塗った。このキャンペーンにはご丁寧に「例」まで提示されていた。

《「国語の教科書にのせるべきだ」。読了後、最初に心に浮かんだ気持ちだ。この作品は人生に必要なすべてをおしみなく読者に与えてくれる。知らぬ間に涙が頬をつたっていた。「そうか。この本と出会うために、僕は生まれてきたんだ」》

ずいぶん安い人生だな。情けなくて涙が出てくる。

統計学的手法を用いない世論調査はゴミと同じだ

先日、ネット上のニュースを見て驚いた。《「東京でマラソンを見たい」札幌案に六割が反対》（「テレ朝ニュース」二〇一九年一〇月一九日）という記事。内容はこうだ。

《来年の東京オリンピックの「マラソン」と「競歩」を札幌市で開催する案が浮上したことを受け、東京都には一八日までの二日間で二二三件の意見が寄せられました。このうち「東京でマラソンを見たい」など約六割の一二九件が反対意見でした。一方、「選手の健康と安全を考慮すべき」など賛成意見も二六件あったということです》

羊頭狗肉である。これはわざわざ都庁に電話したヤツのうち六割が反対だったというだけの話。「六割」と見出しに数字を打つのは意味がないだけではなく社会を間違った方向に導きかねない。電話が一本しかなくそれが反対意見だったら「一〇割が反対」と報じるのか。

このような数字の悪用は少なくない。

なお、朝日新聞社の全国世論調査によれば札幌案「反対」は三六％、東京都に限定しても四〇％だ。

当たり前の話だが、統計学的な手法を用いていないものは世論調査ではない。標本は無作為抽出（ランダム・サンプリング）でなければゴミと同じ。

同時期の産経新聞社とFNNの合同世論調査では安倍内閣の支持率は五一・一％だったが、これに対しネット調査の数字を持ち出し、大手メディアはおかしいと言い出す人々がいた。その調査では「安倍政権を支持しない」は九四・八％、「支持する」は三・三％、「どちらでもない」は二・〇％になっていた。彼らは「真実はこちらの数字だ」「選挙結果と一致しないのは不正選挙のせい」「最初から結果ありきの大手メディアの不正統計にはガッカリ」と騒ぎ立てたが、ガッカリはこちらのセリフだ。

SNSなどでアンケートを取れば同じような傾向の連中が答えるので偏った数字が出る。それ以前にネットでは無作為抽出ができないので数字の信用性はゼロに等しい。必然的に現実との整合性は取れなくなるが、最終的に彼らは陰謀論に逃げ込む。こうした雑な批判では足をすくわれるだけだ。

安倍政権とその周辺メディアが垂れ流すプロパガンダに対抗できるのはデマの拡散ではなく、唯一、地道な論理の積み重ねである。

伊藤詩織さん勝訴と開き直ったネトウヨ言論人

元TBS記者山口敬之による伊藤詩織さんのレイプ事件。東京地裁は「酩酊状態で意識がない伊藤さんに合意がないまま性行為に及んだ」と認定し、山口に三三〇万円の支払いを命じた。山口は、伊藤さんが著書などで被害を公表したことで名誉を傷つけられたとして逆に賠償を求めたが「公表内容は真実で、名誉毀損には当たらない」として棄却された。

この裁判が注目されたのは山口が安倍に極めて近い人物であるからだ。報道によれば、山口には逮捕状が出ていたが、逮捕直前に警視庁刑事部長だった中村格が執行を取り消している。なお、中村は「週刊新潮」の取材に対し、この事実を認めている。

要するに「国家の私物化」という一連の安倍事件につながる可能性があるわけで、安倍周辺のネトウヨ言論人や政治家も伊藤さんを誹謗中傷し、セカンドレイプするのに躍起になっていた。裁判の結果が出ると一部は逃走を始めたが、すごいのは開き直った連中だ。

「Hanada」編集長の花田紀凱は山口の記者会見をセットアップ、そこにはなぜか自称

伊藤詩織（1989〜）／フリージャーナリスト、映像作家。山口敬之を訴え勝訴。

文芸評論家の小川榮太郎が同席。小川は《伊藤氏は妊娠の事実がないことを確認したにもかかわらず、山口氏に対して執拗に妊娠の可能性を訴え、金銭を取ろうとした》などと本人に取材もしないまま妄想を垂れ流していたが、もともとカルトとつながるマルチ商法出身のいかがわしい人物なので、失うものは何もないのだろう。

《LGBTの権利を認めるなら痴漢の触る権利も認めるべき》などとキテレツなことを書いて「新潮45」を休刊に追い込み、森友事件は朝日新聞の捏造で、「桜を見る会」の一件は野党とマスコミの嫌がらせだと騒ぎ立てた。

小川は山口を通して伊藤さんが事件当日につけていた下着の写真を見ており、デザインやブランドまで記事に書いていた。小川は自称変態で、「新潮45」にこんな文章も書いていた。

《私の性的嗜好も曝け出せば、おぞましく変態性に溢れ、倒錯的かつ異常な興奮に血走り、それどころか犯罪そのものでさえあるのかもしれない》

この「犯罪そのもの」の変態が強姦魔を擁護するというおぞましさ。当たり前の話だが、ヘイトスピーチもセカンドレイプも言論の自由には含まれない。伊藤さんは彼女を誹謗中傷した人物を訴えていくという。全面的に賛同する。

立憲と国民は児童会か 合流破談で完全に国民に見放される

立憲民主党と国民民主党の合流騒動。すでに統一会派を組み、幹事長レベルで協議を重ねてきたが、二〇二〇年一月一〇日に行われた党首会談は決裂。国民の玉木雄一郎は「新しい政党名は民主党はどうか」「原発ゼロ法案は一度撤回して再協議してはどうか」「新党の綱領に改革中道との文言を入れてもらえないか」などと提案したが、立憲の枝野は応じず、最後まで党名にこだわったという。

アホか。党名などどうでもいい。多くの国民は「立憲民主党」などという党名になんの思い入れもない。一体どこを見て政治をやっているのか。

私のツイッターにはｂｏｔに登録した次のような文章が定期的に流れる。

《「安倍さんを降ろして、その先はどうするんだあ！」という安倍信者みたいなのがいた。チンパンジーがトラックを運転していたら、とりあえず止めるのが先でしょう。バカなんですかね？》

すると必ず湧いてくるのがネトウヨや安倍信者の《そのチンパンジーを降ろせない野党はサル以下》というテンプレート。思考停止だしワンパターンだが、ある意味では正しい。劣悪な政権の暴走が続いているのは野党にも責任がある。

やはり現状認識がおかしいのではないか。枝野は口を開けば「国会論戦に集中」と言うが、今、自民党と野党の間で発生しているのは「政策」の相違ではない。「国家の私物化」という犯罪を許していいのかどうかである。よって野党は、「政策」でまとまる必要はない。野合でいい。とにかく現政権に対抗するための、わかりやすい投票先を整備することだ。

一方の玉木も「どちらかの考え方に寄せていってはみんなが納得できる形にならない」などと言っていたが、小学校の児童会かよ。

大局を見るべきだ。

政権と反社会勢力やカルトとのつながり、ＩＲ疑獄、公文書改竄や虚偽答弁の横行……。いかがわしい勢力が国を乗っ取っている以上、今、野党がやるべきなのはあらゆる手段を使って悪党を引きずり降ろすことだ。

国が危機にさらされたとき、政治家は体を張らなければならない。それには危険が伴う。しかしその大義を忘れ、自分の次の選挙のことしか考えられないのなら、安倍犯罪政権の補完勢力として、今度こそ国民から完全に見放されるだろう。

政治資金も下半身も管理できない小泉進次郎が総理候補?

ワイドショーが俳優の不倫について騒いでいるが、なぜそこまで熱中できるのか理解できない。他人のプライベートな話などどうでもいい。池に落ちた犬を棒で叩くのがそんなに楽しいのか。ゲスの極みである。

一方、政治家の不倫については騒ぐべきだ。特にホテル代が政治資金で支払われていたならなおさらだ。

俳優も含めて表現者と政治家では求められるものが違う。表現者はその性格上、社会の規範に縛られないアウトサイダーとしての側面を持つ。よって過度なモラルや品性を求めるのは筋違い。そんなことを言い出せば、ジャン・ジュネもウィリアム・バロウズも永山則夫も読めなくなる。

一方、政治家には品位と倫理が求められる。

もっと言えば、それが唯一の条件だ。

下品な人間が政治をやれば国は下品になる。今の日本のように。

小泉進次郎は人妻と不倫、その際利用したホテル代を政治資金で支払っていたという。人妻は小さい子どもを実家に預けながら逢瀬を繰り返し、夫にバレて離婚。家庭崩壊に追い込んだ揚げ句、進次郎は逃げ切り、滝川クリステルとデキ婚を発表した。なおその人妻と滝川は親友だったそうな。ゲスな話だねえ。書いていて嫌になってきた。しかも同時期に復興庁の元部下の女性とホテルで密会、さらにメーキャップアーティストの女性を赤坂の議員宿舎に呼びつけていた。

これではチンポが乾く暇もない。

ポンコツ大臣から三股ポコチン大臣へと進化した進次郎だが、頭の悪さは昔から変わらない。「個人の事柄」と回答を拒否していたが、官邸前での結婚報告から出産発表まで「個人の事柄」をネタにしてきたのはチン次郎本人ではないか。赤坂に議員宿舎があるのに年に何回も十数万円級の高級ホテルに泊まっていることを国会で追及されると「大半のものは秘書が宿泊した」と無理な答弁。

「週刊文春」は疑惑を裏付ける領収書と進次郎のメールを入手。

人妻《待ちきれないよ～！今日は進次郎さんの夢見られますように》

チン次郎《今新幹線で着いたよ^_^今夜は楽しみにしてるよ^_^》

絵文字が哀しい。

総理候補として名前が挙がった時期もあったが、政治資金もチンポの管理もできない男には無理。一七歳の環境活動家グレタ・トゥンベリさんにも嫌われちゃうね。「大人は汚い」って。

ジャン・ジュネ(1910～86)／フランスの小説家、詩人、エッセイスト、劇作家、政治活動家。

第5章

衰退途上国日本

ナチスと安倍政権

舛添要一×適菜収

二〇一九年九月七日、下北沢「本屋B＆B」にて開催されたイベント《舛添要一×適菜収「ヒトラーはいつだって甦る——永田町のバカへの警告」》の対談を収録したものです。

ヒトラーは現在日本で甦るのか

舛添　ヒトラーとの出会いは、かれこれ四〇年以上前になります。学者時代、ドイツのミュンヘンで仕事をしていたことがありました。滞在していた下宿屋の親父と仲良くなって、時々、「おまえ、お茶でも来い」と呼ばれるわけです。

その親父がアルバムを持ってくるんですよ。聞くと、「これはヒトラーの時代のアルバムだ。俺の人生の中で、この時代が一番よかった」というわけですよ。私はユダヤ人虐殺（ホロコースト)、アウシュヴィッツ強制収容所というイメージでしかナチスを捉えていなかったから、この親父は何てことを言うんだろうなと思いました。

適菜　戦前を知るドイツ人にとって、ヒトラー=絶対悪とは限らなかった。

舛添　そうです。それどころか、神格化している国民がいるわけです。ヒトラーを生んだワイマール共和国は、その当時、世界で一番民主的な憲法を持っているといわれていました。選挙制度を見ても、日本では第二次大戦が終わってから女性は選挙権を持ちましたが、当時のワイマール共和国にはすでにありました。

　では、世界一民主的な憲法を持っている国でなぜヒトラーは生まれたのか。しかもクーデターではなくて、完全に自由な選挙をやって第一党に選ばれています。先ほどの親父の言葉もそうですが、なぜヒトラーに人々は従ったのかについて研究したいと思いました。

アドルフ・ヒトラー(1889〜1945)/ドイツ国首相。
国家社会主義ドイツ労働者党(ナチス)の指導者。

「個人」と「大衆」

舛添　その答えは、拙著『ヒトラーの正体』に詳しく書きましたが、大きな要因の一つは経済対策です。

第一次大戦の責任をドイツはベルサイユ条約によって負わされました。多額の賠償金と再軍備の禁止が課されたドイツは、経済状況が落ち込み、インフレもとどまることを知らない。パンの値段が一日で倍になるような状況の中、国民の不満は溜まっていきます。

そうした不満を経済対策などによって解消したのがヒトラーだったんです。

高速道路アウトバーンの建設などを通じて、公共事業を創出したことは有名ですね。六〇〇万人いた失業者を、政権を取ってたった三年で完全雇用に近い状態までもってきたことは功績といってもいいでしょう。ベルサイユ条約で、多くの領土を取られ、

舛添要一(1948〜)／国際政治学者、元厚生労働大臣、元東京都知事。

自尊心も傷つけられていた国民にとって、ヒトラーは救世主に映ったことでしょう。

適菜　おっしゃるように経済的な要因はとても大きいと思いますが、なぜワイマール体制でナチスみたいなものが生まれたかという疑問に即せば、むしろワイマール体制だからナチスが出てきたという側面もある。まずはこのあたりから考えていきたいと思います。

ナチスの独裁は、きわめて近代的な現象です。近代革命により階層社会やギルド、村落共同体が崩壊した結果、社会的紐帯は消滅し、人々は自己を喪失してしまう。

舛添さんのこの本でも紹介されていたエーリヒ・フロムの『自由からの逃走』には《自由は近代人に独立と合理性とをあたえたが、一方個人を孤独におとしいれ、そのため個人を不安な無力なものにした。この孤独はたえがたいものである。かれは自由の重荷からのがれて新しい依存と従属を求めるか、あるいは人間の独自性と個性にもとづいた積極的な自由の完全な実現に進むかの二者択一に迫られる》とあります。

近代は判断の責任を引き受ける「個人」と同時に「大衆」を生み出した。彼らは、共同体から切断され、不安に支配された人々です。彼らは自由の責任に耐えることができない。そして、自分を縛り付けてくれる権威、疑似共同体を求めるようになる。この「大衆」が存在しなければ、全体主義は発生しません。

舛添　そうですね。

適菜　前近代的な専制と独裁は違います。専制は前近代において身分的支配層が行うものであり、独裁は近代において国民の支持を受けた組織が行うものです。つまり、暴君が上から下に向かって権力を振るうのではなく、上と下が一体化し、大衆運動として、全体主義は進行していきます。

孤独な群衆

舛添　かつてアメリカの社会学者デイヴィッド・リースマンが「孤独な群衆」という言葉を使いましたが、孤独な群衆の「結局さみしい」「誰かと一緒になりたい」という心情に、独裁者の言葉は響くのだと思います。

では現代に「孤独な群衆」はいないのか。否、ここにきて急激に増えているのではないか、というのが私の見立てです。

トランプ大統領誕生にも、そうした人々が熱狂的に支持したという背景があります。アメリカのさびついた工業地帯(ラストベルト)は、もともとキリスト教の信仰が非常に厚くて、コミュニティもしっかりしているところでした。しかし、石炭産業が廃れ、自動車産業をはじめとするメーカーがいなくなって、白人の失業者が増えていった。飯も食えない人々は、不満を滾《たぎ》らせ、ドラッグに染まっていきます。
そんなコミュニティが崩壊した状況下に、トランプが現れた。「あなたたちが苦労しているのは、あなたたちのせいではない。移民が増え、中国から安い製品が来るからだ」といったセリフを連呼し、熱狂を生んでいきました。ヒトラーが、経済恐慌の原因を、ベルサイユ条約を押しつけた連合国や、ユダヤ人に求めたのと相似します。

適菜　今の話にひと言付け加えると、大衆＝労働者や貧困層とは限らないということです。庶民という曖昧な概念とも違います。私が「大衆」という言葉を使うと、「適菜は上から目線」「大衆を差別するのか」と言われたりもしますが、まったく逆です。階層社会の消滅により、「上から目線」が成立しなくなったのが近代です。

Ｎ国はなぜ成功したか

舛添　そうですね。そうした大衆の目をいかに政治に向けさせるか。平成以降の政治のテーマは、そのひと言に尽きると思います。アメリカだけでなく、日本もそうです。
先日（二〇一九年）の参議院選挙では、ＮＨＫから国民を守る党（Ｎ国）とれいわ新選組（れいわ）の躍進が注目されました。国会議員をやっていた立場から見ると、よく議席を取ったなぁと感心せざるを得ない部分があります。

私も自民党を出て「新党改革」という新しい党をつくったことがあります。参議院で一議席を取るために、一〇〇万票要るんですよ。実際にやってみるとわかるんですけども、その一〇〇万票を取るのがいかに大変か。

シングル・イシューと既得権攻撃

舛添 次に政党要件を揃えないといけません。国会議員五人以上いればいいんだけども、それ以下だと、直近の選挙で一定のパーセンテージ取らないといけません。両党はそれをクリアした。

それは、大衆からの支持あってのものだと思います。では、その手法をつぶさに分析する際、どうしてもナチスの選挙運動と比較したくなります。誤解してほしくないですが、れいわやN国に、ユダヤ人迫害を連想させるような差別意識があるというわけでは決してありません。あくまで手法に関しての分析です。

N国のやり方は、シングル・イシュー・ポリティクスに尽きると思います。つまり、単一争点主義です。NHKをぶっ潰す——。このスローガンにすべての政治的主張を集約しました。ヒトラーは、政権奪取前、「ベルサイユ条約をぶっ壊す」というスローガンで、国民の支持を得ていきました。あえて主張を減らし、しかしそれを繰り返すことで、効果的な選挙戦を展開しました。

適菜　N国の手法は、ヒトラーと同じ既得権攻撃です。わかりやすい敵をつくり出して攻撃し、社会にたまっている鬱憤やルサンチマンを集約していく。「NHKをぶっ壊す！」というフレーズも、二〇年近く前の小泉純一郎の「自民党をぶっ壊す！」の二番煎じです。既得権を叩くことにより、新しい利権を狙う。あの手の連中が繰り返していることは同じです。

小泉純一郎（1942〜）／政治家、第87、88、89代内閣総理大臣。

舛添　ヒトラーは、そうした手法を『わが闘争』の中で、「大衆の受容能力は非常に限られており（中略）効果的な宣伝は、重点をうんと制限して、そしてこれをスローガンのように利用」することだと断言しています。

参院選では、そうした手法が現代でも、

そして日本でも有効だということがあらためて証明されました。立憲民主党や国民民主党のスローガンより、よっぽど人々の印象に残ったに違いありません。その後、丸山穂高ですとか、渡辺喜美までリクルートされてしまったことには驚きましたが。

適菜　渡辺喜美の行動原理はカネの匂いがするところに近寄るだけ。あれはあれでわかりやすい。

𡚴添　なるほど。次にれいわです。山本太郎は、私は左のポピュリストだと思っています。彼らの主張をざっと並べてみましょう。最低賃金時給一五〇〇円、奨学金返済免除、消費税廃止、所得税や法人税の累進課税、財政出動、野宿者支援……。こうした主張に通底するメッセージは明確です。国民を飢えさせない。ヒトラーが初期に言っていた条件に非常に似ています。

ナチスは右翼政党という誤解

𡚴添　ナチスは右翼政党のように日本人に思われていますが、違います。そもそもナチスはドイツ人がそう呼んだわけではなく、敵陣営による蔑称です。ジャパニーズをジャップと呼ぶようなものです。正式にはナチオナールゾチアリスティッシェで、「国家社会主義」という意味です。ドイツ国民のための社会主義といったところでしょうか。具体的には、日々労働に従事する一般大衆のための政党を意味します。

初期のヒトラーの主張も、煎じ詰めれば、労働者を飢えさせない——という一点に集約されると思います。そういう点で、れいわの選挙戦も、ナチス的なものを感じました。

適菜　今、弁添さんが、山本太郎は左だとおっしゃいましたが、反新自由主義、反グローバリズム、反構造改革という点においては、保守的な要素がかなり強いと私は見ています。「もはや国境や国籍にこだわる時代は過ぎ去りました」と言い放ち、国家の根幹を破壊し続ける安倍政権に比べたら、本質的に保守的な主張をしているのは山本太郎ではないかと思います。ポピュリズムという観点から、れいわとN国を並べて論じるメディアは多いですが、私は違うと思っています。

舛添　なるほど、その指摘は、とても興味深いですね。

適菜　反構造改革、反グローバリズムを全

山本太郎（1974〜）／政治家、元俳優。政党「れいわ新選組」代表、前参院議員。

面に打ち出しているという意味で、私はれいわに期待している部分もあります。平成の三〇年にわたる構造改革が今の日本をダメにしたと考えるなら、やはりその反省が出てきたということだと思います。

一九九四年がターニング・ポイントだった

適菜　平成の三〇年間にわたり「改革」の嵐が吹き荒れました。安倍晋三の支持者やネトウヨは、「安倍さんは民主党から日本を取り戻してくれた」と言うけど、バックにいるのは同じような連中。安倍がやっているのは民主党よりタチの悪い売国です。

では、その民主党と今の安倍政権の一番の違いはどこにあったのか。民主党時代はまだメディアが機能していました。加えて、確かな野党がいた。民主党時代の最大野党は、自民党ですからね。

舛添　今は、メディアも政権に掌握されてしまっているし、旧民主党系の野党も機能していませんね。

適菜　このままいくと危ないというか、もう終わっています。政治崩壊の原因をさかのぼって考えると、一九九四年の政治制度改革に行き着くと思っています。小選挙区比例代表並立制の導入と、政治資金規正法の改正により、選挙のスタイル、党の運営まであらゆる変化が発生しました。

小選挙区制度は、二大政党制に近づきます。死票は増え、小さな政党には不利に働く。そこでは基本的に上位二政党の戦いになります。政治家個人の資質より党のイメージ戦略が重要になるので、ポピュリズムが政界を汚染するようになります。

舛添 政治資金規正法によって、党中央にお金が集まるようになってしまいました。政治家が自由に行動したり、発言したりしづらくなりました。

党中央が力を握れば、簡単に党議拘束をかけられますからね。党の命令に従えないなら、どうぞ出てってください、となります。

決定的だった「礒崎発言」

適菜 ひたすら党に媚びへつらう思考停止した議員ばかりになった。下手に歯向かえば、次の選挙で公認をもらえないどころか、刺客を送られます。

これを露骨にやったのが、小泉政権です。こうして、マーケティングにより大衆の気分を探り、それにおもねることで権力を握ろうとする連中が政界をむしばむようになった。こうした腐敗の最終段階に出てきたのが安倍政権だと思います。一九九四年に日本の崩壊が本格的に始まったとしたら、その終わりは二〇一五年です。

舛添　安保法案の強行採決があった年ですね。憲法第九条の解釈を変更し、改憲なくして集団的自衛権の行使が容認されました。

適菜　これは、左とか右とかいった次元の話ではありません。国の根幹の問題です。集団的自衛権とは、「ある国家が武力攻撃を受けた場合に直接に攻撃を受けていない第三国が協力して共同で防衛を行う権利」です。現行憲法では通せません。違憲です。集団的自衛権の行使が必要なら改憲しなければならない。

　ところが安倍は、お仲間を集めて有識者懇談会をつくり、そこで集団的自衛権を行使できるようにお膳立てをしてもらってから閣議決定し、「憲法解釈の基本的論理はまったく変わっていない」「アメリカの戦争に巻き込まれることは絶対にない」「自衛隊のリスクが下がる」などとデマを流し、法制局長官の首をすげ替え、アメリカで勝手に約束してきて、最後に国会に諮り、強行採決した。

　しかもその際に首相補佐官の礒崎陽輔が「法的安定性は関係ない」と言ったんですよ。それを言ったら法治国家としておしまいです。

「立憲主義」の危機

舛添　わかりやすく言えば、法の運用や解釈によってもたされる、社会的安定などどうでもいいと、彼は言ったわけです。

私は二〇〇五年に発表した自民党の新憲法第一次案の責任者でした。だから、憲法改正については強い思いを持っています。このときは、宮澤喜一元首相や橋本龍太郎元首相といった重鎮が元気でおられて、いわゆる安倍さん的な主張はすべて退けられました。

例えば、自民党の右寄りの方は天皇を国家元首にするべきと主張しましたが、私は象徴としての天皇だからこそ、尊厳が守られると訴え、これを退けた記憶があります。

ですが、自民党が野党時代の二〇一二年に発表した第二次案はひどい内容です。憲法学的にめちゃくちゃなんです。

憲法とは、国家権力から個人の基本的人権を守るために、主権者である国民が制定するものです。近代立憲主義憲法は、個人の権利・自由を確保するために国家権力を制限することを目的とします。「人の支配」（国家権力の支配）ではなく、「法の支配」、つまり、法によって権力を拘束するのです。

したがって、「国家」の対極にあるのが「個人」です。そこで、現行日本国憲法一三条は、「すべて国民は、個人として尊重される」と規定してあります。ところが、第二次草案は、「すべて国民は、人として尊重される」と変えてしまっています。「人」の対極は犬や猫といった動物であり、「個人」のような「国家権力」との緊張感はありません。

この文言の修正を見ると、第二次草案は立憲主義憲法なのかと疑問を呈さざるを得ません。

ひどすぎる憲法草案

舛添　おそらく、今の自民党は「戦後の日本で連帯感がなくなったのは、個人主義の蔓延のせいだ」と結論づけ、その元凶として、現行憲法の中にある「個人」という言葉を削除しようとしたのではないでしょうか。

しかも、自民党が発表した「日本国憲法改正草案Q＆A」は、「西欧の天賦人権説」を否定しています。

さらに、現行憲法二四条は、家族に関することは、「個人の尊厳と両性の平等に立脚して」規定するとしています。第二次草案は、「家族は、互いに助け合わなければならない」と付け加えています。立憲主義の立場からは、「家族は国の保護を受ける」とすべきであって、家族構成員間の相互扶助などは憲法に書くべきではありません。それは、道徳の問題です。

この点でも、立憲主義が理解されていないのです。
　また、現行憲法三六条は、「公務員による拷問及び残虐な刑罰は、絶対にこれを禁ずる」と規定していますが、第二次草案では、「絶対に」が削除されています。なぜ、「絶対に」を削除したのか、まったく理解できません。これも「西欧の天賦人権説に基づいて規定されている」からなのでしょうか。

適菜　さすがに自民党の中からも、あれはひどすぎるという声が出た。憲法を理解している人間が作ったとは思えない代物です。谷垣禎一は「（これは野党時代に作ったものであり）与党ですと、もう少し実現可能性を考えた」と軌道修正を図ったが、安倍は「私たちはこういう憲法を作りたいと思うから出した」とちゃぶ台をひっくり返した。要するに、半分冗談で作ったような草案をベースに改憲が進められようとしているわけです。

舛添　第二次案を発表したとき、私は自民党を離れていて、先ほど名前が出た礒崎君に、「君、立憲主義を知ってるか」と聞いたんです。彼は東大法学部を出ていて、第二次案にも深く関わっていましたから。
　冗談のつもりで言ったのですが、彼は「習ったことがない」とまじめに答えるんです。東大には、芦部信喜という有名な憲法学者がいて、彼の代表的な著書『憲法』には、一章を割いて立憲主義について説明されています。東大法学部生のバイブルといっていい。信じられませんが、おそらく読んだことないのでしょう。

適菜　本当に立憲主義を知らないなら話にならないけど、そこまで頭が悪いというのは考えにくい。要するに「立憲主義などクソくらえ」と言いたかったのではないですか。

補足しておくと、当時、産経新聞は《憲法改正による集団的自衛権の行使容認には、さらに膨大な時間がかかる。その間も日本を取り巻く安全保障環境が悪化していくことは容易に想像できる。憲法解釈の見直しによる行使容認は次善の策には違いないが、急ぐ必要があるのだから仕方ない》と書いていた。

一応は公の新聞である産経が、「急いでいるんだからしょうがねえ」と書いたんですよ。この時点で「日本は完全に死んだ」と思いました。結局、その後、安倍政権は暴走し、日本は公文書の改竄やデータの捏造などが横行する三流国家になってしまいました。

「まともな保守」はどこにいった？

舛添　産経に限らず、メディアが権力の監視に、まったく機能しない時代になりましたよね。
適菜　特に保守メディアの凋落は大きいですね。「ＷｉＬＬ」や「正論」や「Ｈａｎａｄａ」みたいなのは、商売としてやっているのでしょうからどうでもいい。マクドナルドのハンバーガーを作っている人たちに向かって「まずい」と言っても仕方がない。

舛添　それが彼らのビジネスだからね。

適菜　しかし、安倍政権の本質的な危険を理解しながら、声を上げてこなかった「まともな保守」が、一番タチが悪いと思う。それこそナチスの問題につながります。

舛添　憲法を守る立場であれ、改正する立場であれ、声が小さくなっています。海上自衛隊の「いずも」型護衛艦が事実上の空母に改修されるというニュースが流れていますが、それに対して、野党からもメディアからも、反対意見が出てこない。

空母は、攻撃のための戦力となります。一昔前なら、自衛のための戦力しか持たないはずなのにおかしい、と大騒ぎするはずです。一九八三年訪米時の中曽根康弘首相は、日本は太平洋における「不沈空母」と発言して大問題になったのを覚えておられるでしょうか。

しかし、メディアの報道を見ていても、

中曽根康弘(1918～2019)／政治家、第71、72、73代内閣総理大臣。国鉄民営化を断行。

事実上の空母に対して、どのくらいの大きさで、どういう飛行機が載りますということぐらいしか、解説されていません。

そもそも、普通に憲法解釈したら空母は持てないはずなんです。それが平気で持ててしまうのは、二〇一五年、集団的自衛権が認められたというのが深く関わっているはずです。そのことについては国民もよくわかっていないと思いますよ。改憲をせずに、憲法をないがしろにしていくことの危険がすでに現れています。

ヒトラーはいつだって甦る

舛添　ここでヒトラーに話を戻します。当時のワイマール憲法は民主的なものでした。でも、ヒトラーが政権を奪取すると憲法第四八条にあった緊急時の大統領令によって、憲法をないがしろにして、独裁体制を敷いていった。

いかに優れた憲法であっても、使い方次第でいかようにも変わる。それが最も民主的なワイマール共和国から二〇世紀最悪の独裁者が出てきたということの教訓です。こうした教訓が現代日本に生かされているのかどうか。

適菜　私はかなり悲観的です。「すでに日本は終わっている」ということを前提にして議論を進めない限り、再スタートは切れないと思う。
大事なことは、現実を直視することだと思います。

バカが戦車でやって来る

言論の空しさ

「安倍疲れ」という言葉を思い付いた。ネットで検索したらすでにあったが、「国民の安倍疲れ。この言葉に尽きると思います」とツイートしたら、かなりたくさんの反響があった。日本人はすでに気付き始めている。まじめにやってもお金が入ってこない。何かがおかしいと。

これいわ新選組のようなものが出てきたのも、歴史人口学者エマニュエル・トッドの言う「グローバル化疲れ」が背景にある。

これはアメリカのサンダース現象に似ている。二〇一六年大統領選の民主党予備選でバーニー・サンダースはヒラリー・クリントンを強く批判。格差是正やTPP反対、マイノリティーの権利保護などを訴え、ネット経由で巨額の献金を集めた。これは世界的動向なので、れいわ新選組も拡大していくと思われる。

この先「安倍政権にはずっと疑問を感じていましたが、立場上、発言できなかったんです」と言い出す人間のクズがたくさん出てくるはずだ。政治家、大学教授、評論家……。しかし、安倍に見切りをつけて、泥船から逃げ出したとしても、一件落着という話にはならない。社会の空気が腐っている限り、同じようなものが担がれるだけ。今、必要なのは、平成の三〇年にわたる政治の劣化の原因を徹底的に追及することだ。

エマニュエル・トッド(1951〜)/フランスの歴史人口学者、家族人類学者。『帝国以後』など。

私がそう言うと「目が覚めた人たちは、批判しないで受け入れてあげればいい」という反論がある。私は認めない。弁明も聞きたくない。卑劣で、愚劣で、臆病で、自己欺瞞の天才だから、恥じらいもなく安倍を支持し、国が崩壊した今になってから、おもむろに安倍批判を始めるのである。安倍政権を増長させたのはわれわれの社会である。大事なことは、国の危機に対して、リアルタイムで何を言ったかだ。手遅れになってから吠えても仕方がない。

ここのところ何を言ってもムダという気分になることが多い。「達観したような気分になってはいけない。諦めてはいけない。ムダだとわかっていても声を上げなければならない。そうしなければ悪の支配を受け容れることになる」。多くの先人はそう言ってきたし、私の場合文章を書くのが仕事だから、「何も言いたくない」というのは職務放棄に等しいのだが、やはりあらがえない時代の流れは存在する。古今東西、国の栄枯盛衰は繰り返されてきたことだし、近代大衆社会が限界を迎えて壊れていくことは、一九世紀の半ばあたりから、数えきれないほどの思想家、哲学者が指摘してきたことだ。ニーチェは《私の物語るのは、次の二世紀の歴史である》《この未来はすでに百の徴候のうちにあらわれており、この運命はいたるところでおのれを告示している》(『権力への意志』)と言った。その半分はすでに的中し、残りの半分は現在進行中の世の中が示している。

だから誰もが憤慨しながら冷めている。現代人のニヒリズムは必然であるし、「けしからん」と騒げばなくなるようなものではない。欧米に先駆けて日本で近代が暴走した理由は、国や社会を守るためのあらゆるセーフティネットが急速に破壊されたからだが、そうなると安倍政権や維新の会みたいなものが発生したのも、腐り果てた社会の土壌に起因するものであり、言論は無力である。

ではなぜ文章を書くのか？

福田恆存はこう述べる。《言論は空しい、いや、言論だけではない、自分のしてゐる事、文学も芝居も、すべてが空しい》（「言論の空しさ」）。それを承知の上で、福田は文章を書く。《詮ずるところ、幾ら食っても腹が減る事を承知しながら、やはり食はずにゐられないといふ事に過ぎまい》。何を言ってもムダだが、何も言わなくてもムダ。世の中はそのようなものである。

私がたまに思い出すのはアルベール・カミュの小説『ペスト』だ。町に伝染病のペストが広がっていく。死者が出て、パニックが発生する。ペストの発生を人間の罪のせいにする神父がいたり、町から裏ルートで逃げ出そうとするやつがいたり、患者の治療を続けるやつもいる。昔読んだ小説だから正確には覚えていないが、カミュはここで正義を説いたり、人間の卑劣さを糾弾したいのではない。世の中はそういうものであり、そこに安易な善悪観を持ち込むことを否定しているフシもある。いつの時代でも戦う人間も諦める人間もバカも利巧もいいやつも悪いやつもいるというだけの話。ここのところ私は長いスパンで物事を考えたほうがいいという話をしてきた。おそらく日本はもうダメだろうが、悲観しても仕方がない。今のような調子が続くなら、時間の問題でいずれにせよ滅びるのである。

堀の中のプレイ・ボール

近代は欺瞞の産物である。しかし、その欺瞞を破壊すれば、建前を放り投げれば真っ当な世の中になるとは限らない。より深い欺瞞の中に落ち込んでいくケースもある。今の日本のように。

大阪市長の松井一郎が「国会議員の議席を三割カットすれば良いのです。衆議院のカーボンコピーの参議院は不要ですね」とツイート。権力の分散を唱えるのが保守であり、権力の集中を唱えるのが左翼である。理由は簡単で、保守は人間理性を信用しないが、左翼は合理的かつ理性的であるからだ。安倍晋三もそうだが、一院制の導入を唱えることが何を意味しているかわからない精神の「奇形」が政治家になっている。「国会議員の議席を三割カット」なら、とりあえず維新の会からやれ。

「元SPEED今井絵理子議員が語る『駆け抜けた平成』」という記事がネットに載っていたが、こいつの場合「駆け抜けた平成」じゃなくて「駆け落ちた平成」だよね。終わりにしなければならないのは、平成を貫く「政治にはスピードが必要」というバカのテンプレだ。

韓国メディアもアホな記事が多い。「デイリー新潮」によると、新駐韓大使の冨田浩司が、三島由紀夫の娘婿にあたる人物であるとして、ネガティブな報道をしているらしい。政権寄りの報道姿勢で知られるソウル新聞は「極右作家の娘婿」という見出しで報じた。保守系メディアの中央日報は、三島は「安倍首相の憲法改正の試みの端緒になった」とこじつけたという。

これはアホすぎ。安倍の憲法観と三島の憲法観は真逆。三島が生きていたら、安倍の改憲は全否定していたはず。三島が警戒したのは右と左から発生する全体主義だった。それとアメリカ隷属化を確定させる改憲。三島は戦後憲法の欺瞞を批判したが、安倍改憲案は九条加憲を含めて、欺瞞の上に欺瞞を重ねて、憲法を空洞化するもの。

安倍は改憲派が積み重ねてきたロジックを完全に破壊した。本来なら「改憲派」が率先して自衛隊を愚弄する安倍の改憲を批判しなくてはいけないのに。要するに改憲を唱えてきた連中の多くがやってきたことは「ままごと」ということだ。

情弱のネトウヨ向け月刊誌はどうでもいい。害はあるが、バカがバカに向けて確信犯的に作っているので、何を言ってもムダである。悪質なのは、危機を感知する能力を持ちながら、黙っていた保守である。

ついに日本政府が「北方領土」という言葉を使うなと言い出した。すでに二〇一九年版の外交青書で「北方四島は日本に帰属する」との表現が削除されていたが、安倍と周辺の一味は売国どころか、上納金と一緒に国土をプーチンに献上してしまった。「ロシアに叱られないようにする」ことが行動基準の国。

絶望し、憤死、諫死《かんし》した三島だが、あの時代のほうがまだマシだった。

《私はこれからの日本に大して希望をつなぐことができない。このまま行ったら日本はなくなってしまうのではないかという感を日増しに深くする。日本はなくなって、その代わりに、無機質な、からっぽな、ニュートラルな、中間色の、富裕な、抜目がない、或る経済大国が極東の一角に残るのであろう。それでもいいと思っている人たちと、私は口をきく気にもなれなくなっているのである》(「果たし得ていない約束」)

日本はすでに経済的大国ではない。貧困で抜け目しかない、頭が空っぽな国が残った。

バカを暴走させた責任は国民にある。亀井静香によると、安倍に「あんたに総理を『辞めろ』と言うやつもいないから気楽な立場だな」と言ったら、「そうなんですよ、いないんです。だから私がやりますよ」と答えたという(「月刊日本」二〇一九年一二月号)。日本人は完全に舐められている。

石破茂は言う。

《「国民を舐めている」と言われても仕方がない状況があっても、国民はそれほど怒らないようにみえる。メディアも厳しく批判しない。ということになれば、政府与党も油断して「これくらい大丈夫だろう」「どうせ忘れるだろう」という方向に流されかねません》(同前)

こんなことを政権の側から言われるメディアと国民の体たらく。結局、安倍政権は戦後教育の失敗と平和ボケが招いた人災だった。

「『朝日はヘイトを許すのか』真正保守の『伝統と文化戦争』になぜリベラルは敗れるのか」

という記事を見かけた。書いたのは元産経新聞ロンドン支局長。内容が変なのは前提がおかしいから。

《戦後五〇年の九五年以降、安倍晋三首相や産経新聞を筆頭に日本の「伝統と文化」を重んじ、領土問題や歴史問題を先鋭化させる新たな保守（真正保守）勢力が台頭してきました》

安倍や産経が保守って、なんの冗談なのか。日本の伝統と文化に泥を塗り、急進的なグローバリズム路線に舵を切り、領土問題では致命的なミスを犯し、無知と欺瞞により歴史問題をこじらせてきたバカが台頭してきただけではないか。

安倍がホラ吹きというのは世界の共通認識である。外交の場でも平気な顔で嘘をつくが、ロシアやアメリカは安倍が金づるだから飼っているだけ。「対話による問題解決の試みは無に帰した」と言っておきながら「私は北朝鮮との対話を否定した事は一度もありません」と言うデマ野郎が国際社会で相手にされるわけがない。それでは安倍は北朝鮮にどのように取り組んできたのか。「お告げ」「悪霊祓い」を行うカルト「慧光塾」にのめり込み「（代表の光永仁義氏の）パワーで北朝鮮を負かしていただきたい」と語っていたそうな（「週刊新潮」二〇一九年一二月五日号）。安倍はこのカルトの手かざしで病気が治ったと信じているらしい。ビスマルクは「賢者は歴史に学び、愚者は経験に学ぶ」と言った。

安倍は「全員野球内閣」などと言っていたが、安部譲二の『塀の中のプレイ・ボール』という小説もあった。とっくの昔にスリーアウトなのに、バッターボックスを動こうとしない連中は、塀の中で続きをやるべきだ。

さよなら人類

「桜を見る会」騒動をはじめとする一連の安倍晋三の悪事と過去の疑獄、例えばロッキード事件やリクルート事件、東京佐川急便事件などが決定的に異なるのは、これから追及が始まるのではなく、すでに詰んでいることだ。正常な国ならば捜査が始まり、問題があれば逮捕し、裁判という流れになっていくのだろう。

しかし頭の弱い「幼児」が「ボク、負けてないもん」と開き直り、周辺のいかがわしいメディアや乞食言論人を使って逃げ切ろうとしてきた。そして嘘に嘘を重ね、それが国民の目の前で次々とばれていった。だから政治とカネをめぐる汚職事件というより、国や社会に対するテロであり、同時に劇場型犯罪でもあるオウム真理教事件に近い。

カルトは追い詰められると発狂する。信者は「時間のムダ遣いだ」「他にもっと大事なことがある」「野党による改憲つぶしだ」と騒ぎ出し、最後はなぜか「野党が不甲斐ない」という話で終わる。時間がムダになっているのは、安倍が嘘をつき、説明せずに逃げ回っているからだ。

安倍は無実と言うなら、招待者名簿や領収書などを率先して出せば一瞬で終わる話である。もっとも信者とはそういうものなのだろう。オウム真理教事件のときもそうだった。

教祖「わーたしーはやってないー♪」

信者「尊師はむしろ被害者だあ」

追い詰められた安倍は元野球選手のイチローに国民栄誉賞授与を打診、断られると、今度は招待者名簿を廃棄した経緯の説明の矛盾を「障害者雇用職員」のせいにし出した。悪徳マルチ商法の会長や反社会勢力の「個人情報」は必死になって守る一方、必要もないのに担当者の個人情報を平気でさらす。絵に描いたような人間の屑である。

そしてついに政府は「その時々の社会情勢に応じて（反社会勢力の定義は）変化し得るものであり、限定的・統一的な定義は困難だ」とする答弁書を閣議決定した。つまり反社とのつながりが明らかになっても、しらばくれると予防線を張ったわけだ。ここまでくると、政府自体が反社ということになる。悪党は完全に開き直った。

周辺の官僚はいつまで尻ぬぐいをするつもりなのか。森友事件においては近畿財務局の男性職員が「財務省の指示で改竄を強要された」という趣旨の遺書を残して自殺している。「桜の樹の下には屍体が埋まっている」（梶井基次郎）

新たな死人が出る前に悪を追い詰めるべきだ。

逃亡を続ける安倍だが、減らず口は止まらない。「桜を見る会」に関する疑惑が深まる中、「国会では、政策論争以外に審議時間が割かれていることを国民に大変申し訳なく思う」と発言。時間が割かれたのはお前が嘘に嘘を重ねて逃げ回っているからだろう。盗人猛々しい。

ちなみに「野党が桜を見る会について追及を止めないので、他の重要な案件が審議されない」というのも嘘。HARBOR BUSINESS Onlineが検証したところ、桜を見る会に割かれた時間は全体のわずか二・八％であり、本国会で政府が提出した法案一五本のうち一四本が成立している。

安倍が憲法九条への自衛隊明記などを訴えるメッセージ動画を作成し、党所属の全国会議員と各都道府県支部に配布した。冒頭から「自民党は立党以来、憲法改正を党是として参りました」とフルスロットルでデマを流しまくり。自民党が党是としてきたのは自主憲法制定である。これまでも安倍は「採択されている多くの教科書で、自衛隊が違憲であるという記述がある」などと大嘘をついてきたが、安倍のデマは止まらない。

「先の参議院選挙においてわれわれ自民党は国民の皆さまから『憲法改正の議論を前に進めよ』との力強い支持をいただきました。また最近の各種の世論調査においても『議論を行うべき』という回答が多数を占めてきております」と述べていたが、これもデマ。時事通信の二〇二〇年一月の世論調査では安倍政権下での憲法改正に「反対」は四五・九％、「賛成」は三一・二％である。「自衛隊違憲に終止符を」って、その前に「お前が終止符」だよね。

トランプ政権がイランのイスラム革命防衛隊のソレイマニ司令官を殺害。トランプは「差し迫った脅威」があったかどうかについて「どうでもいい」とツイッターに投稿した。完全に狂っている。またトランプは、インドの首相に対し、「あなた方は中国と国境を接しているというわけではないでしょう」と発言したという。世界の終わりが近づいてきているのではないか？

「桜を見る会」の参加者を募集していた件について国会で追及された安倍は「幅広く募って

いるという認識で、募集しているとの認識ではなかった」と答弁。バカがバカを担いだ結果、日本はバカな国になってしまった。

おわりに——過去の悪霊と戦うために

私が新聞や雑誌に文章を寄稿するようになって一五年くらいたつ。そのほとんどは単行本に収録されているので、検証していただければ、基本的にすべての予想が的中していることがわかると思う。別に「私には先見の明がある」などと自画自賛して見せたいのではない。私のような凡人でも公開されている情報にあたるだけで、改革の熱狂に支えられた政治が行き着く先は明らかだったからだ。最終的にそれは戦後の欺瞞と社会の腐敗の総決算ともいえる安倍政権を生み出した。本書で示したとおり、二〇世紀のヨーロッパの悪霊は、二一世紀の日本で復活した。

そういえば以前こんな趣旨のツイートがあった。

「適菜は以前から日本は滅びると言っていたが、いまだに滅びてないじゃないか」と。

あっ!……と。

要するに彼は日本がすでに滅びていることに気づいていないのだ。

あるシンポジウムに参加したときのことだ。比較的まともな学者が日本がだめになったデータを列挙すると、「新進気鋭の」評論家が笑みを浮かべながらこう言った。

「日本が崩壊するなら、その瞬間をぜひとも見てみたいものですね」

われわれは、それを目撃してきたのではないのか。

腐った目では何も見えない。

過去の悪霊と戦うためにはどうすればいいのか？

まずは「過去の悪霊と戦ってきた人々」に学ぶことである。

それは哲学や思想、歴史という形で残されている。

狂気の時代において正気を維持するためには、努力が必要な時代である。

本書がそのための参考になればいいと思っています。

適菜 収

「(日本の原発で全電源喪失)事態が発生するとは考えられない」(2006年12月22日)

➡その後、福島で全電源喪失事態が発生。
➡民主党に全責任を押し付け。

「ポツダム宣言というのは、米国が原子爆弾を二発も落として日本に大変な惨状を与えた後、「どうだ」とばかり(に)たたきつけたものだ」(『Voice』2005年7月号)

➡嘘。ポツダム宣言は7月26日。
原爆投下はその後。8月6日と8月9日。

「私は立法府の長」(2018年11月2日など国会で4回も発言)

➡嘘。総理大臣は「行政府の長」。

「民主党政権は悪夢だった。間違いなく」(2019年2月の衆院予算委員会など)

➡「国会答弁で悪夢のような民主党と
答えたことはない」(2020年3月23日)

「米国との関税交渉で譲れる限度はTPP水準まで」「FTAでなくTAGだ」「米側もその立場を認めている」

➡嘘だった。
トランプは農産物関税全廃を要求。

「最後の一人までチェックして正しい年金をきちんとお支払いをします」(2007年7月5日)

➡嘘だった。いまだに2000万件の記録がうやむやになっている。

「私の世代が何をなし得るかと考えれば、自衛隊を合憲化することが使命ではないかと思う」(2017年5月3日付読売新聞)

➡「(自衛隊を)合憲化するということを私は申し上げたことはありません」
(2018年2月22日)

「国際公約でもある財政健全化に向け、中期財政計画を早期に策定するなど、経済成長と財政健全化の両立を目指してまいります」(2013年6月24日)

➡「(財政再建問題を)私が国際公約と申し上げたことは一度もない」
(2017年9月25日)

「フクシマについて、お案じの向きには、私から保証をいたします。状況は、統御されています。東京には、いかなる悪影響にしろ、これまで及ぼしたことはなく、今後とも、及ぼすことはありません」(2013年9月7日)

➡大嘘だった。放射性物質は漏れまくり。
東京電力も安倍の発言を事実上否定。

オリンピック招致演説にて。安倍「世界有数の安全な都市、東京」(2013年9月7日)

➡「(共謀罪の法案を整備しなければ)
東京オリンピック・パラリンピックをできないと言っても過言ではありません」
(2017年1月23日)

安倍は子供の頃から嘘つきだった。
安倍は「宿題みんな済んだね?」と聞かれると、
まったく手をつけていないにもかかわらず、
「うん、済んだ」と平然と答えたという。
嘘がバレて、学校側から1週間でさらに
別のノート1冊を埋めて提出するようにと
罰が出ても、乳母が宿題をやっていた。
(野上忠興『安倍晋三　沈黙の仮面』)

「北方領土問題を解決した上で平和条約を締結するのが日本の原則」だと直接反論した。（2018年9月12日）

➡ロシアのペスコフ大統領報道官
「プーチン大統領が前提条件なしの
年内の日本との平和条約締結を
安倍晋三首相に提案したとき、
安倍首相本人からは何の反応もなかった」
（2018年9月16日）

「対話による問題解決の試みは無に帰した」（2017年9月21日）

➡安倍「私は北朝鮮との対話を否定したことは
一度もありません」（2018年3月26日）

名護市辺野古の埋め立てについて「土砂投入に当たって、あそこ（埋め立て区域2-1）のサンゴは移している」「（絶滅危惧種を）砂をさらって別の浜に移した」（2019年1月6日）

➡根も葉もない嘘だった。

「（女房の昭恵が名誉校長を務めている学校は）あまたの数ある」（2018年3月26日）

➡嘘。森友学園と加計学園の
二つしかなかった。

「今回の(安全保障法案の)法整備に当たって、憲法解釈の基本的論理はまったく変わっていない。この基本的論理は、砂川事件に関する最高裁判決の考え方と軌を一にするものだ」(2015年6月8日)

➡元最高裁判事「間違っている」

「採択されている多くの教科書で、自衛隊が違憲であるという記述がある」(2017年5月9日)

➡嘘だった。

「拉致問題は私自身の責任で解決しなければいけないという強い使命感を持っている」(2018年6月16日)

➡「拉致問題を解決できるのは安倍政権だけだと私が言ったことは、ございません」(2018年9月20日)

「大企業の業績の果実が、国内の中小・小規模企業、そして従業員の皆さんに行き渡らないようであれば、アベノミクスは失敗であると、私は考えています」(2013年12月19日)

➡「私はトリクルダウンなんて言ったことない」(2018年9月14日)

“これまで安倍晋三がついてきた代表的な嘘”一覧

「安倍政権は、いわゆる移民政策を取ることは考えていない」(2014年10月1日)

➡「移民流入」日本は世界第4位に。(2016年の時点ですでに)

池上彰「今回の選挙でアベノミクスはずいぶん訴えたが、集団的自衛権の憲法解釈をあまりおっしゃらなかった」
安倍晋三「そんなことはありません。街頭演説は限られている時間の中でも、私は7～8割は安全保障について話をしているはずですよ」(2014年12月14日)

➡嘘だった。

沖縄沖で米軍嘉手納基地所属のF15戦闘機が墜落。安倍は国会で「(飛行)中止を申し出た」(2018年6月25日)と述べた。

➡真っ赤な嘘だった。

初出一覧

第1章　表現者クライテリオン　2019年3月号
　　　ハーバー・ビジネス・オンライン　2019年1月28日
　　　ZAITEN　2018年12月号、2019年1月号、2月号、4月号、5月号
第2章　日刊ゲンダイ　2019年1月5日〜2020年2月29日から抜粋
第3章　Journalism　2019年9月号
　　　kotoba（コトバ）　2019年　冬号
　　　公益社団法人比企青年会議所講演　2018年7月8日
第4章　日刊ゲンダイ　2019年1月5日〜2020年2月29日から抜粋
第5章　下北沢B&B「舛添要一×適菜収」対談　2019年9月7日
　　　ZAITEN　2019年10月号〜2020年4月号から抜粋

参考文献

『決定版　三島由紀夫全集』(新潮社)
『ニーチェ全集』(ちくま学芸文庫)
『この人を見よ』ニーチェ／西尾幹二訳(新潮文庫)
『小林秀雄全集』(新潮社)
『フランス革命についての省察ほか』バーク／水田洋、水田珠枝訳(中公クラシックス)
『大衆の反逆』オルテガ・イ・ガセット／神吉敬三訳(ちくま学芸文庫)
『ゲーテとの対話』エッカーマン／山下肇訳(岩波文庫)
『政治における合理主義』マイケル・オークショット／嶋津格ほか訳(勁草書房)
『福田恆存全集』(文藝春秋)
『アメリカのデモクラシー』トクヴィル／松本礼二訳(岩波文庫)
『全体主義の起原』ハンナ・アーレント／大久保和郎、大島通義、大島かおり訳(みすず書房)
『エルサレムのアイヒマン』ハンナ・アーレント／大久保和郎訳(みすず書房)
『死にいたる病 現代の批判』セーレン・キルケゴール／桝田啓三郎訳(中公クラシックス)
『日本改造計画』小沢一郎(講談社)
『大臣』菅直人(岩波新書)
『新しい国へ』安倍晋三(文春新書)

『社会という荒野を生きる。』宮台真司(KKベストセラーズ)
『世論』W・リップマン/掛川トミ子訳(岩波文庫)
『自由からの逃走』エーリッヒ・フロム/日高六郎訳(東京創元社)
『私の個人主義』夏目漱石(講談社学術文庫)
『プロパガンダ　広告・政治宣伝のからくりを見抜く』A・プラトカニス、E・アロンソン/社会行動研究会訳(誠信書房)
『日本が売られる』堤未果(幻冬舎新書)
『一九八四年』ジョージ・オーウェル/高橋和久訳(ハヤカワepi文庫)
『知識人とは何か』エドワード・W・サイード/大橋洋一訳(平凡社ライブラリー)
『目からウロコが落ちる 奇跡の経済教室【基礎知識編】』中野剛志(KKベストセラーズ)

著者略歴

適菜 収

てきな・おさむ

1975年山梨県生まれ。作家、作詞家。ニーチェの代表作『アンチ・クリスト』を現代語訳にした『キリスト教は邪教です！』『ゲーテの警告 日本を滅ぼす「B層」の正体』『ニーチェの警鐘 日本を蝕む「B層」の害毒』『ミシマの警告 保守を偽装するB層の害毒』(以上、講談社+α新書)、『日本をダメにしたB 層の研究』(講談社+α文庫)、『日本を救うC層の研究』、呉智英との共著『愚民文明の暴走』(以上、講談社)、『なぜ世界は不幸になったのか』(角川春樹事務所)、『現代日本バカ図鑑』(文藝春秋)、『平成を愚民の時代にした30人のバカ』(宝島社)、『死ぬ前に後悔しない読書術』『安倍でもわかる政治思想入門』『安倍でもわかる保守思想入門』『安倍政権とは何だったのか』『問題は右でも左でもなく下である』『もう、きみには頼まない』、清水忠史との共著『日本共産党政権奪取の条件』(以上、KKベストセラーズ)など著書多数。

国賊論《こくぞくろん》 安倍晋三《あべしんぞう》と仲間《なかま》たち

2020年4月30日　初版第1刷発行
2020年5月25日　初版第2刷発行

著　者　適菜《てきな》 収《おさむ》
発行者　小川真輔
編集者　鈴木康成
発行所　株式会社ベストセラーズ
〒171-0021 東京都豊島区西池袋5-26-19
陸王西池袋ビル4階
電 話 03-5926-6081(編集)
03-5926-5322(営業)
装　幀　竹内雄二
写　真　アフロ　時事　ゲッティイメージズ
DTP　三協美術
印刷所　近代美術
製本所　フォーネット社

ISBN978-4-584-13961-5 C0095